MOSES WOLFF
UND
GERTI GUHL

DIE NACHT IST NICHT ALLEIN ZUM SCHLAFEN DA

HIRSCHKÄFER
verlag

Alle Fotos: Privatarchiv Gerti Guhl
außer:
Martin Arz: Cover außen, S. 113
Hirschkäfer Verlag Archiv: S. 13

Gewidmet allen lieben Mitarbeitern und Stammgästen, sowohl den lebenden, als auch denen, die gemeinsam mit unserem Werner im Himmel fröhlich feiern und musizieren

1. Auflage, Juni 2021
Cover und grafische Gestaltung von Hirschkäfer Design/Coriander P.
Coverfoto: Martin Arz
gedruckt in der EU

FSC
www.fsc.org
MIX
Papier aus verantwortungsvollen Quellen
FSC® C010798

ISBN 978-3-940839-75-6

Besuchen Sie uns im Internet:
www.hirschkäfer-verlag.de

Mit Liebe gemacht.

»Ich will Ihnen mal antworten mit einem Satz, den Thomas Mann einmal gesagt hat – in einem privaten Kreis … Da sagte er, dass er die Schauspieler – das ist komisch jetzt – mit den Glühwürmchen verglich, die am Tag wie die anderen Insekten unscheinbar herumflögen, aber nachts plötzlich unheimlich an zu leuchten fingen – und das sei also doch … und dieses also – das scheint mir eine sehr typische Formulierung, eine richtige Formulierung zu sein. Dass man irgendwann abends, wenn die Lichter brennen … Da überkommt es einen, und dann kommt das, was unseren Beruf eben so herrlich macht.«

Gustaf Gründgens, der Sänger des Liedes »Die Nacht ist nicht allein zum Schlafen da«, in einem Interview 1963

Ich hab' Dich
sooo... lieb
Paolo Soprani

Dieses dokumentarische Buch erzählt in einem kommentierten Gespräch zwischen der Wirtinnen-Legende Gerti Guhl und dem Münchner Schriftsteller Moses Wolff die Geschichte der legendären Fraunhofer Schoppenstube, in der Wolff selbst jahrzehntelang Stammgast war und dadurch ein guter Freund der Wirtefamilie wurde. In den Dialogen findet man häufig die unbearbeiteten, tatsächlich gesprochenen Worte von Gerti Guhl, die nicht verändert oder eingedeutscht wurden, um die Ursprünglichkeit und den authentischen, unverfälschten, urbairischen Charakter zu erhalten. Zum besseren Verständnis wurden diese Passagen auf heitere Art und Weise ins Schriftdeutsche übersetzt.

Im Buch finden sich zudem Kochrezepte für längst in Vergessenheit geratene Speisen, sowie die Lieder, die in der Fraunhofer Schoppenstube zu Akkordeon, Orgel und Gitarre von Gertis verstorbenem Ehemann Werner und vielen Stammgästen live dargeboten wurden.

Des Weiteren werden bislang unveröffentlichte Gästebucheinträge, Anekdoten oder Zitate von berühmten Zeitzeugen, die in der Schoppenstube verkehrten, in diesem Buch abgedruckt. Die Liste der Gäste ist lang und reicht von Rainer Werner Fassbinder über Karel Gott, Hella von Sinnen, Friedrich Ani, Udo Wachtveitl, Marcus H. Rosenmüller, Miroslav Nemec, Sigi Zimmerschied, Helmut Schleich, Luise Kinseher, Andreas Gabalier, Ottfried Fischer, Konstantin Wecker, dem Team um den Werner-Zeichner Brösel, Dieter Hallervorden, Hannelore Elsner, Elisabeth Volkmann, Christian Springer, Heiner Lauterbach, Andreas Giebel, Fredl Fesl, Arnd Schimkat, Ferdinand Schmidt-Modrow, Teresa Rizos, Josef Pretterer, Bruno Jonas, Hermann und Carolyn Breuer, Marianne Sägebrecht, Jürgen Kirner, Constanze Lindner, Michi Marchner, Veronika Ferres, Norbert Bürger, Ludwig Müller, Joseph Vilsmaier, Jörg Hube, Frank-Markus Barwasser, Walter Sedlmayr, Barbara Valentin und Freddie Mercury.

»Die Nacht ist nicht allein zum Schlafen da« hat nicht den Anspruch, Geheimnisse auszuplaudern, das Buch soll lediglich die Geschichten und Ereignisse rund um dieses legendäre Nachtlokal für die Nachwelt erhalten.

Prolog

München, August 2012, am frühen Freitagmorgen. Die Isar flimmert, strahlt Ruhe aus und reflektiert das milde Sonnenlicht. Ein paar junge Menschen sitzen bereits oder noch immer am Flussufer und besprechen die wesentlichen Dinge des Lebens: sie reden von der Liebe, dem Tod, der Freude, der Ehrlichkeit, der Schönheit des Augenblicks, von Erwartung, Enttäuschung, Lachen, Weinen, Rausch, Mut und Verzeihen.

Die erste Straßenbahn fährt über die Reichenbachbrücke, Taxis bringen Vorstandsmitglieder zu Sitzungen und Nachtschwärmer nach Hause. In wenigen Häuserfenstern brennt noch Licht. Ein junger Mann mit roten Bäckchen schließt die Vorhänge, im Hintergrund auf dem Bett sitzt die junge Frau, die er erst seit wenigen Stunden kennt, und die wie er nur noch das Nötigste am Leibe trägt. Ein paar streunende Hunde finden in einem Karton, der neben der kleinen Bäckerei steht, schmackhafte Backwaren, die die Gehilfin wie jeden Morgen für sie bereitgestellt hat.

Die schöne Stadt München hat wieder einmal eine intensive Nacht voller kleiner, schöner Begebenheiten erlebt. Auch für Gerti Guhl, der Wirtin der »Fraunhofer Schoppenstube«, waren es ereignisreiche Stunden gewesen. Am frühen Abend des Vortags hatte sie mit einigen Stammgästen Schach gespielt, Gerti dachte sich, es würde ein ruhiger Abend werden und sie könne ein paar Wandbilder neu dekorieren und andere Dinge erledigen, um die Schönheit ihrer geliebten Arbeitsstätte, die ohnehin schon das Maximum an Gemütlichkeit und Freundlichkeit gegenüber jeder Besucherin und jedem Besucher entgegenbringt, aufrechtzuerhalten.

Gegen Mitternacht kamen dann doch noch eine Handvoll Schauspieler nach einer Dernière aus dem Residenztheater ins Lokal – durstig, übermütig, in angenehmer Plauderstimmung. Später gesellten sich drei Weißbier-Philosophen und eine evangelische Pfarrerin dazu, es wurde ausgiebig gezecht und das Dutzend Fleischpflanzerl, wie immer von Gerti frisch zubereitet, war mit Kartoffelsalat und Hausbrot rasch verzehrt. Ab ein Uhr früh hatte man gesungen, ein paar Klassiker und Schlager. Vor allem aber sangen die Gäste die Schoppenstuben-Lieder, ausschließlich entschleunigte und zeitlose Songs aus früheren Tagen, die perfekt zum Wein und guten Steinobstbränden passten. Die meisten Lieder hatte Gertis 2007 verstorbener Mann Werner eingeführt, einige lernte er von Stammgästen, die größtenteils aus der Kunst- und Kulturszene stammten.

Dieses Lokal war ein Magnet für Menschen aller Art. Man saß Abend für Abend – außer am Ruhetag Dienstag – beisammen, scherzte, trank, inspirierte sich gegenseitig. Nacht für Nacht trafen sich dort seit fast 40 Jahren Krankenschwestern, Pfleger und Ärzte nach ihrer Spätschicht, Bäcker vor ihrer Frühschicht, Kellner, Köche, Wirte, Taxifahrer, Discjockeys, Spüler, Straßenmusiker, Radiomoderatoren, Freischaffende aus dem Rotlichtmilieu und Polizisten. Gerti vereinte ihre Gäste, entwickelte über all die Jahre ein untrügliches Gespür, setzte Menschen zueinander, die sich sonst vermutlich nie im Leben begegnet wären, und schuf dadurch ein urbanes, umfangreiches Netzwerk. Hier wurden über die Jahre einige Ehen gestiftet und beendet, Freundschaften entstanden – manche nur für ein paar Stunden, andere lebenslang. Jeder Gast profitierte vom Wesen und Wissen der anderen, man beflügelte sich gegenseitig. Eine Oase der Leichtigkeit.

Die Zeit verging wie immer wie im Flug. Gegen 4 Uhr waren die letzten Gäste gegangen, Gerti räumte und putzte alles ordentlich, wie sie es jeden Morgen tat. Dann sperrte sie zu und nahm noch die Post vom Vortag aus dem Briefkasten. Sie wohnte im nahe gelegenen Germering und nahm sich, wenn es zeitlich nicht anders möglich war, ihre Briefe mit heim, um sie in Ruhe lesen und bearbeiten zu können. Als sie mit dem Auto zu Hause angekommen war und die Katzen gefüttert hatte, setzte sie sich noch mit einer Tasse Kräutertee an den Esszimmertisch und sah die Post durch, bevor sie sich zu ihrem wohlverdienten Schlaf niederlegen wollte.

Wie immer bestanden die Sendungen zur einen Hälfte aus Rechnungen und zur anderen aus Reklame, obwohl doch ihr Gatte Werner noch zu Lebzeiten den Aufkleber »Bitte keine Werbung« gut sichtbar am Briefkasten der Schoppenstube angebracht hatte.

Zwischen den Umschlägen befand sich ein Brief, der Gerti aufmerken ließ: auf dem Absender stand »Alois Erntl«. Erntl war der nicht besonders freundliche Mann, der gemeinsam mit seinem Bruder Willy das Gebäude, in dem sich die Schoppenstube befand, von ihrer blinden Tante geerbt hatte und die somit Gertis Vermieter waren. Vor vielen Jahren, als noch der Kaiblmühlbach hinter dem Haus hindurchfloss, hatte jene Tante, die im Gegensatz zu ihren späteren Erben sehr nett und gesellig war, im Lokal eine kleine Metzgerei betrieben, hinten, beim inzwischen stillgelegten Bach, befand sich ein kleiner idyllischer Hinterhof-Biergarten mit viel Holz und dem gemütlichen Plätschern des Wassers. Wenn die Gäste Durst verspürten, mussten sie läuten, damit die Bedienung ihnen frisches Bier und warmen Leberkäs mit Ei brachte. Diese Glocke war immer noch im Einsatz. Gerti klingelte bei besonderen Anlässen damit, seien es Geburtstage, kurze Reden oder die Ankunft eines ihr interessant erscheinenden Gastes.

Post vom Vermieter kam nur alle zehn Jahre, Gerti spürte, dass das Schreiben nichts Gutes bedeuten würde. Sie öffnete mit ihrem Brieföffner den Umschlag und nahm das zweimal gefaltete Din-A-4-Blatt heraus. Dort stand:

Sehr geehrte Frau Guhl,

hiermit kündigen wir den Mietvertrag für das Mietobjekt

»Fraunhofer Schoppenstube«
Fraunhoferstr. 3
80469 München

unter Einhaltung der vertraglich vereinbarten/gesetzlichen Kündigungsfrist zum 01.11.2012, hilfsweise zum nächstmöglichen Zeitpunkt.

Wir bitten Sie, uns zum Zeichen der Bestätigung Ihrer Zustimmung mit dem Inhalt dieser Kündigung die beigefügte Abschrift unterschrieben zurückzusenden.

Mit freundlichen Grüßen,
Alois Erntl

Gerti saß einige Minuten völlig perplex da, das Kündigungsdokument in der linken Hand. Sie rieb sich mit der rechten über ihr Gesicht, um zu realisieren, dass sie nicht träumte. Wie konnte so etwas geschehen? In vier Monaten wäre ihr vierzigjähriges Jubiläum gewesen, ihr Mann Werner und sie hatten die Schoppenstube am 1. Januar 1973 übernommen. Das Geld war seinerzeit knapp, und sie hatten sich im klassischen Sinne alles erarbeitet und aufgebaut. Im Lauf der Jahre lernten sie den Umgang mit Gästen, mit Lieferanten, mit Mitarbeitern, mit Behörden, mit Anwohnern, mit Störenfrieden, mit von Liebeskummer Geplagten, mit vom Schicksal Gebeutelten, mit vom Schicksal Begünstigten – mit Gästen, die zu wahren Freunden wurden und mit ihrer Treue und nicht zuletzt dem Gesang die Schoppenstube zu einem Kleinod machten, einem Juwel, einer Oase des Glücks, einem einzigartigen Ort, in dem man den Alltag getrost hinter sich lassen und einfach nur das Leben genießen konnte. Und jetzt wollten die Vermieter all diese Pracht mit einem Schlag beenden.

Was hatte das zu bedeuten? Gerti hatte niemals Grund zur Beanstandung gegeben, sich immer penibel an die Ruhezeiten gehalten, nach 22 Uhr durften

Gäste vor der Tür nur noch flüstern, und im Innenbereich war alles schallisoliert. Immerhin wohnten direkt über dem Lokal und in den umliegenden Häusern zahlreiche Menschen, viele von ihnen kehrten selbst gerne in der Schoppenstube ein. Und Beschwerden von Nachbarn gab es so gut wie nie.

Konnte man gegen solch eine Kündigung rechtlich vorgehen? Gertis Gedanken begannen sich im Kreis zu drehen. Ihre Müdigkeit war so groß, dass sie beschloss, sich erst einmal ein paar Stunden hinzulegen und am nächsten Tag sämtliche Hebel in Bewegung zu setzen, um die Fraunhofer Schoppenstube, das Lebenswerk von ihr und ihrem verstorbenen Mann, zu erhalten. Doch sie fand keinen Schlaf. Im Gegenteil. Schweißgebadet wälzte sie sich von links nach rechts, ihr Herz raste, ihr Blutdruck stieg. Wie bei einer Nahtoderfahrung sah sie ihr eigenes Leben an sich vorbeiziehen, es verknüpften sich Erinnerungen an Selbsterlebtes und Anekdoten, die man ihr später berichtete, zum Beispiel von ihrer Geburt und der frühen Kindheit, über die Gründung des Lokals und all die turbulenten Jahre voller Eindrücke, lieber Menschen und Geschichten.

OB Ude besucht Schoppenstube – Wirtin Gerti hofft:

„Der Christian wird's scho richten“

Isarvorstadt

OB Ude wurde von Schoppenstube-Anhängern mit Plakaten empfangen (links). Drinnen nahm er mit Gattin Edith von Welser-Ude neben Wirtin Gerti (r.) Platz

F: Götzfried (3), Jantz, dpa (3)

Christian Udes Chef-Fahrer Manfred Haugg läuft nervös vor der Fraunhofer Schoppenstube auf und ab. „Mensch, er sollte doch um 21 Uhr einen Film eröffnen. Was macht der denn so lang da drin?!“ Der Oberbürgermeister schunkelt und singt mit den Gästen im Kult-Lokal.

Udes Kneipenbesuch am Dienstagabend hat einen ernsten Hintergrund: Die Vermieter haben Wirtin Gerti Guhl nach fast 40 Jahren zum Jahresende den Mietvertrag gekündigt. Ude wollte helfen – „aber ich war noch nie hier. Und mir wurde von allen Seiten immer nur gesagt wurde: ‚Die Stimmung dort, die kann man nicht beschreiben – das muss man erleben‘. Deshalb mache ich mir selbst ein Bild.“

Eigentlich sollte es ein ruhiges Gespräch über die rechtlichen Möglichkeiten einer Rettung werden – erst mal wird daraus aber nichts. Schon am Eingang warten Dutzende Fans, einer trägt ein Plakat: *Fraunhofer Schoppenstube forever.* Drinnen ist es rappelvoll, Ude und seine Frau kommen kaum zu ihrem Platz durch. Dort stehen frische Rosen und ein Schild auf dem Tisch: „Herzlich willkommen, Herr Oberbürgermeister.“

Kaum sitzt Ude, singen auch schon alle lauthals los. „Ein Proooosit, ein prooosit der Gemütlichkeit!“ Alle Gäste und die Musiker zeigen, wie einzigartig die Stimmung hier ist. Ude ist ihre letzte Hoffnung! Der Oberbürgermeister bekommt einen Prosecco und Pumpernickel-Schnittchen. Ständig sagt ihm ein Gast, warum die Kult-Kneipe erhalten bleiben muss. Ude wirkt überrumpelt, aber lächelt in die Runde.

Was soll er auch tun? Vermieter und Wirtin sprechen kaum mehr miteinander. Die Kündigung ist rechtens. Deshalb verkündet Ude am späten Abend: „Ich bitte um Verzeihung, dass ich keine tollen Versprechungen machen kann.“ Er habe mit den Vermietern gesprochen, einer Erbengemeinschaft. „Das sind keine Miethaie, sondern alte Herren, die ihr Haus energie-effizient sanieren wollen. Sie können mit ihrem Eigentum machen, was sie wollen.“ Udes will die Wogen glätten.

Aber der OB wäre wohl nicht gekommen, könnte er nicht doch ein Fünkchen Hoffnung versprühen – es ist ja auch Wahlkampfzeit. „Ich versuche noch einmal, den Vermietern die Einmaligkeit des Lokals näherzubringen. Und ich kann mich um eine Fristverlängerung bemühen.“ Tosender Applaus. Aber er sagt auch, dass Gertis Lokal eventuell umziehen muss. „Dann wäre ich auch behilflich bei der Suche nach einem neuen Ort.“

Ude wollte eine knappe Stunde bleiben, daraus werden zwei. Er trinkt, singt, lacht und ratscht. Seine Bilanz? „Was soll ich sagen? Die Stimmung, die kann man nicht beschreiben – das muss man erleben“, sagt er lachend und spielt darauf an, was ihm alle im Vorfeld gesagt haben.

Nun liegt die Hoffnung auf Ude, dem Schoppen-Schlichter. Gerti ist sich sicher: „Der Christian wird's scho' richten!“

NINA BAUTZ

Diese (Promi)-Gäste unterstützen die Kneipe:

Marcus H. Rosenmüller

Schauspieler Udo Wachtveitl

Kabarettist Ottl Fischer

Schriftsteller Friedrich Ani

Die Schoppenstube-Fans: Dutzende kamen zum Ude-Besuch

Ude soll die Gerti retten

Der Wirtin der „Fraunhofer Schoppenstube" ist vom Vermieter gekündigt worden. Jetzt besucht der OB die Kult-Gaststätte. „Das hier ist nicht einfach eine Kneipe", sagt er

MÜNCHEN Gerti Guhl kämpft um ihr Lebenswerk – und viele Münchner um ein Biotop im Nachtleben dieser Stadt.

Die „Fraunhofer Schoppenstube" steht vor dem Aus – weil der Vermieter der Wirtin nach fast 40 Jahren gekündigt hat (AZ berichtete). Jetzt bekommt Gerti Guhl prominenten Besuch: OB Christian Ude besucht heute das Nachtlokal.

Kann er Gerti retten? „Ich weiß nicht, was er für uns tun kann, aber ich freue mich, dass er kommt und sich das hier anschaut", sagt Guhl.

Seit 1973 ist die Frau, zu der alle nur Gerti sagen, die Chefin in der Schoppenstube. Immer an ihrer Seite war ihr Mann Werner, der mit seinem Akkordeon Nacht für Nacht aufspielte und die Gäste zum Mitsingen animierte – vom Seemannslied bis zum Wienerlied, von Operette bis Schlager. Auch heute noch, rund fünf Jahre nach Werners Tod wird hier mit wechselnden Musikern gesungen.

Inzwischen ist Gerti auch international bekannt. Doch jetzt will der Besitzer des Hauses in der Fraunhoferstraße den Hahn zudrehen. Anfang Juli kam die Kündigung zum Jahresende, ein Büro soll rein.

Gerti ist verzweifelt. Vergeblich hat sie um ein Gespräch gebeten, um Aufschub für sich und ihre Kneipe. Sie ist 65, aber sie hat noch Kraft. Und treue Kundschaft, vom Senior bis zum Teenie.

„Es besteht ein öffentlicher Wunsch, die Kneipe zu erhalten"

Jetzt hofft Gerti auf Ude. „Ich möchte, dass er sich hier wohlfühlt", sagt sie. Bei Gerti verkehren zwar Schauspieler und Kabarettisten, Ude war aber noch nie da. Sie möchte ihm die Unterschriften zeigen, die sie gesammelt hat, allein im Lokal haben über 3000 Leute unterschrieben, auch über Facebook wird für die Kultkneipe getrommelt.

Gerti hat für Ude auch noch eine Besonderheit organisiert: Den „Ude-Schoppen." Ein fränkischer Winzer hat dem Ministerpräsidenten-Anwärter einen Wein gewidmet, Gerti schenkt ihn heute aus. Von mehreren Seiten war Ude auf Gerti angesprochen worden. Doch was kann er tun? „Da kann der OB nicht den Daumen nach oben oder unten zeigen", sagt Ude zur AZ. „Aber ich kann möglicherweise einen öffentlichen Wunsch unterstreichen. Und der scheint mir hier über die Kundschaft hinauszugehen. Es ist nicht einfach eine Kneipe mit kleinem Stammpublikum, sondern es gibt offensichtlich einen größeren, um nicht zu sagen öffentlichen Wunsch, dass sie erhalten bleibt." *ta, lj*

Heimat der Nachtschwärmer: Seit 1973 betreibt Gerti Guhl die „Schoppenstube", die inzwischen auch international bekannt ist.

Wirtin Gerti Guhl freut sich auf den Besuch von Christian Ude. Sie hat extra für ihn den fränkischen „Ude-Schoppen" organisiert. Fotos: Gregor Feindt, dpa

1. Kapitel

Die frühen Jahre der Fraunhofer Schoppenstube

Ende 1903/Anfang 1904, kurz nach der Einweihung der schräg gegenüberliegenden St. Maximilian-Kirche, wurde die Fraunhofer Schoppenstube nahe der Isar eröffnet und erfreute sich bei der Münchner Bevölkerung großer Beliebtheit, da die Bürgerinnen und Bürger die an den Wiener Heurigen angelehnte Gemütlichkeit bei Wein und Musik sehr schätzten. Die Gegend war damals eher als verrucht bekannt, es gab Bordelle und illegale Treffpunkte für Homosexuelle in großem Ausmaß. Viele Künstler schätzten die Lokale im Glockenbachviertel, Oskar Maria Graf verbrachte seine wildesten Jahre in jenen herrlichen Bars und Spelunken. Seinerzeit wurde in Gasthäusern noch kräftig geraucht, ob Zigarren, Zigaretten oder Pfeifen – die verrauchte Atmosphäre vermittelte den Gästen das Gefühl von Behaglichkeit, die sanft schimmernden Lamperl mit blauen, roten und grünen Glühbirnen verbreiteten diffuses Licht und warme Atmosphäre, sodass an kalten wie warmen Tagen nächtliche Stimmung am Glockenbach aufkam. Traditionell wurden die Schlager der jeweiligen Zeit von Zarah Leander bis Hans Albers gesungen. Historisch betrachtet überlebte die Fraunhofer Schoppenstube zwei Weltkriege, die Münchner Räterepublik, die Spanische Grippe und einen Brandbombenanschlag Ende des Zweiten Weltkriegs, als auch die nahe gelegene St. Maximilian-Kirche bei Luftangriffen schwer beschädigt wurde. Nach dem Wiederaufbau von Kirche und Schoppenstube begann auch das Nachtleben Anfang der 1950er-Jahre wieder zu erblühen, der Zeitgeschmack erlaubte es den einstigen Wirtsleuten, das Lokal zeitweise mit Deko-Weinranken und Plastiklaub zu verzieren, die der spätere Wirt Werner Guhl, der mit seiner

Blick in die Fraunhoferstraße, ca. 1930

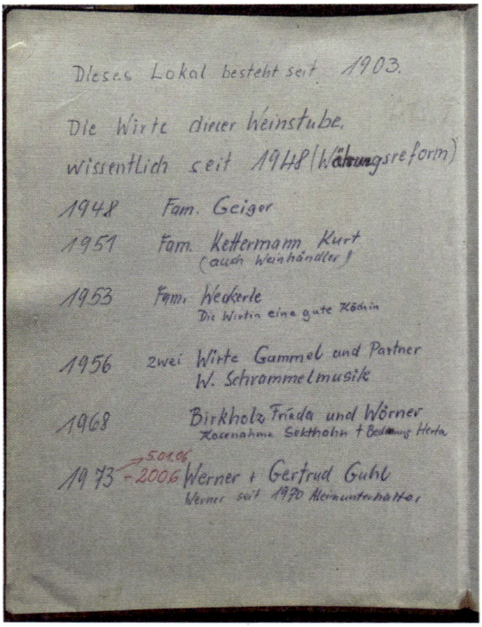
Dieses Lokal besteht seit 1903.

Die Wirte dieser Weinstube, wissentlich seit 1948 (Währungsreform)

1948 Fam. Geiger

1951 Fam. Kettermann, Kurt (auch Weinhändler)

1953 Fam. Weckerle
Die Wirtin eine gute Köchin

1956 zwei Wirte Gammel und Partner
W. Schrammelmusik

1968 Birkholz Frieda und Wörner

1973 - 2006 5.01.06 Werner + Gertrud Guhl
Werner seit 1970 Alleinunterhalter

Liste der Wirte der Weinstube

Frau die Schoppenstube 1973 übernahm, bei der Übernahme aufgrund eines Verbotes durch die Branddirektion persönlich entfernte. Die ursprünglichen Weinranken waren runde Eisenstangen mit rot-blauen Birnen, ohne Schirm. Wie in einem Grinzinger Heurigengarten.
Gerti Guhl erinnert sich:
»Wennd Glühbirn blau war, hamd Leid so blaue Gsichter ghabt, kasig, wia da Dod. Des war vor jeder Nischn. Runde Eisenstanga von oana Nischn zur andern nüber. Wiara Heuriger. Ma hat si bucken miassn, wamma neiganga is.«

»Wenn die Glühlampe blau leuchtete, strahlten auch die Gesichter der Menschen in jener Farbgebung, bleich, wie Gevatter Tod. Diese Lampen befanden sich vor jeder Nische, runde Eisenstangen von einer Nische zur nächsten. Wie ein Wiener Heurigenlokal. Man musste sich ducken, wenn man eintrat.«

Der Baritonsänger Heinrich Sendel hatte schon oft mit Werner musiziert, Falstaff, Rigoletto. Berühmt war sein Gesang und das Lied: »Nein, noch länger trag ich nicht die Qualen, für welche Schuld muss ich bezahlen.« In der Hotelgaststätte Wachau war Werner der Pianist für die Abendunterhaltung, dort arbeitete die damals noch minderjährige Gerti, ein aufgewecktes, freches Mädchen, das stets einen flotten Spruch auf den Lippen hatte. Sendel hatte Werner auf Gerti »gehetzt« und ihm gesagt: »Die nimmst, die is lustig und guad, außerdem kanns zupacken.«

So kam es, dass Werner seine künftige Ehefrau Gerti, die damals noch »Gretchen« genannt wurde, in deren zartem Alter von 17 Jahren in die

»Fledermaus«-Vorstellung ins Gärtnerplatztheater ausführte. In seiner Junggesellenbude in der Westendstraße hat er Gerti dann kurz darauf verführt, ein Jahr später feierten sie Hochzeit.

Gerti im Alter von 17 Jahren

Gerti übernahm nach ihrer Lehre eine Arbeitsstelle als Bedienung im Halali in der Schönfeldstraße, wo es zwei Kegelbahnen gab und das immer sehr frequentiert war, alle Innenstadtprominenten verkehrten dort, der Juwelier Knobloch, die Schwestern vom Gasflaschenhersteller Gloria Gas, Lodenfrey, Sport Münzinger, Linde, Staatskanzlei-Leute, die Betreiber der Tanzschule SchwarzGelb. Anschließend arbeitete sie im Nationaltheater und bekam vergünstigte Karten für »Lohengrin«, »Aida« und »Hänsel und Gretel«. Durch ihre gewinnende, kommunikative Art lernte sie rasch die großen Opernstars kennen, war sie doch eine von drei gelernten Servicekräften beim in der Staatsoper ansässigen Käfer (ein Kellner und zwei weibliche Bedienungen).
»Die blaue Grotte« war ein Bereich beim neben der Staatsoper liegenden Residenztheaters unten im Foyer, das hätte Gerti gemeinsam mit Werner übernehmen können, aber es war sehr düster und »greislich«, sie hätte zudem nicht kochen dürfen wegen der Gerüche, die man den Theaterbesuchern nicht zumuten wollte, und es gab auch keine absperrbaren Räume für Töpfe oder Privatsachen. Daher haben es die jungen Eheleute nicht übernommen, doch der Wunsch der beiden, gemeinsam eine Gaststätte zu übernehmen, blieb.

Werner musizierte in der Moserstuben, Franz-Joseph-Straße, auf einem Stutz-Flügel als Hintergrundmusiker im Glitzerleiberl für die feine Münchner Boheme-Gesellschaft in Abendgarderobe, schönen Kleidern, dunklen Anzügen und Lackschuhen. Die Besitzer waren die Gebrüder Garn, denen auch das Fischerstüberl in der Lindwurmstraße gehörte.
Heinrich Sendel, Bariton und Briefmarkenhändler aus der Fraunhoferstraße, hatte Werner Guhl den Tipp gegeben, dass in der Schoppenstube dringend ein Musiker gesucht werde und sogar schon das Arbeitsamt kontaktiert worden war. Werners Vater hatte bereits in der Gaststätte Zittermirl in der Sendlinger Straße musiziert, daher war der Name Guhl in Zusammenhang mit

Wirtshausmusik im Glockenbachviertel bereits ein Begriff. Die Schoppenstuben-Wirtin Frieda Birkholz ließ Werner kurz vorspielen, und schon hatte er den Job. So kam es, dass Werner für die Wirte der Fraunhofer Schoppenstube, Birkholz und Wörner, drei Jahre musizierte. Bald fand er heraus, dass die Wirte aufgrund der schweren Diabetes-Erkrankung von Frieda Birkholz dringend einen Nachfolger suchten, was natürlich aufgrund der guten Innenstadtlage und des fabelhaften Rufes der Schoppenstube hoch interessant war, jedoch wollten Birkholz und Wörner einen Haufen Geld: 20 000 Mark Ablöse für den Gästestamm, in Wechseln angeschrieben, und 10 000 Mark in bar für die Ablöse des Weinkellers, für Isolierungen, Böden, Abluft, Abzugshaube, Polsterung der Bänke, Heizung. Hinzu kamen noch geschätzte 15 000 Mark für die Renovierung. Die Urbanus-Brauerei hatte zur Auflage gemacht, dass der Nachfolger einen Fünfjahresvertrag abschließen müsse. Außerdem verlangte die Brauerei eine sehr hohe Mindestabnahme ihres Bieres, was in einem Weinlokal natürlich schwierig war. Trotz dieser ungünstigen Voraussetzungen kratzten Gerti und Werner das Geld zusammen und übernahmen das Lokal im Jahre 1973. Sie kauften Kochleuchten beim Elektro Neumeier zu Großhandelspreisen, dazu Schweinslederlampenschirme. Insgesamt gab es neun Nischen, rustikale Holzverkleidung. Gedämpftes, warmes Licht bereitete den Gästen eine sehr angenehme und behagliche Atmosphäre. Auch extravagante Besucher wie Rainer Werner Fassbinder und seine Clique bediente Gerti mit Bravour. Schon damals sagte kaum ein Münchner »Schoppenstube«, alle redeten von »der Gerti«.

Das Konzept mit der musikalischen Unterhaltung durch den Wirt neben der vollkommenen Versorgung der Gäste durch die Wirtin ging voll auf. Aber nur für ein paar Monate, denn 1974 ist Gerti krank geworden. Sie hatte verdorbene Pfahlmuscheln gegessen, die an Eisenstangen gezüchtet worden waren und oxydierten. Sie war 17 Tage im Krankenhaus, in der gleichen Zeit musste die Heizung ins Lokal eingebaut werden und die Handwerker wollten ihr Geld. Werner war nicht erreichbar, da er sich, wie sich später herausstellte, mit einer schwarzhaarigen Siebzehnjährigen herumgetrieben hatte. Sein Fremdgehen fand Gerti erst nach ihrer Genesung heraus und stellte ihn zur Rede. Er erklärte ihr im unschuldigen Schwäbisch:

»Woisch, a Künschtler muess a Muse hen zur Inschpiration.
Des war scho allweil so, früher hen sie die Musiker und Maler
Mätresse ghalde.«

»Weißt du, ein Künstler braucht eine Muse zur Inspiration. Das war schon immer so, einst hielten sich die Musiker und Maler Mätressen.«

Werner war von Natur aus sehr chaotisch und hat nicht gern gearbeitet, am liebsten sagte er:

»I bloib dahoim, solle die andere schaffe gehe.«

»Ich bleibe zu Hause, sollen doch die anderen arbeiten gehen.«

Gerti ist ihrem Gatten zeitlebens treu geblieben. Er hingegen ist ständig fremdgegangen, hat aber weiterhin in der Schoppenstube musiziert. Sie hat ihm seine »kleinen Fluchten« in ihrer Großherzigkeit stets verziehen, aber genagt hat es doch an ihr. Werners sehr nette Mutter hat Gerti erzählt, dass Werners Vater ebenfalls nie etwas anbrennen ließ. Sie bedauerte: »Schade, dass der Werner nicht nach mir geraten ist. Dann hättest du nicht laufend diese Strapazen.«
Als Künstler jedoch war er fleißig und ehrgeizig. Und: er hatte das absolute Gehör! Somit konnte er immer in Sekundenschnelle Melodien nachspielen, improvisieren und begeisterte damit Laien und Profis gleichermaßen. Außerdem liebte er Urlaub und die entsprechende Planung, hat in seiner schwäbischen Findigkeit immer rausgefunden, wo etwas billig zu buchen ist; so reiste das Ehepaar nach Ligurien und ins Alpenvorland. Einmal lernten sie den berühmten Rallyefahrer Walter Röhrl beim Bergsteigen kennen und kehrten mit ihm in eine Hütte ein. Röhrl hat Saft getrunken, Werner Wein, Gerti Tee. Später lud Röhrl den sportbegeisterten Werner zu Testfahrten in einem kleinen Rennwagen ein.

Es war sehr verzwickt, Gerti und Werner mussten sich erst in alles reinarbeiten, damit sie sämtliche Abläufe, etc. kennen. Sie achteten beide sehr auf Hygiene. Für alles gab es einen separaten Putzkübel, aus hygienischen Gründen. Einer für die Herrentoilette, einer für die Damentoilette, einer für die Küche, einer für den Gastraum. Jeweils mit separaten Putzlumpen.

Einige interessante Ereignisse der damaligen Zeit sind heute kaum noch vorstellbar. Beispielsweise hat das Münchner Kreisverwaltungsreferat Gerti und Werner ein halbes Jahr lang einmal im Monat früh um 8 einbestellt, um zu prüfen, ob sie geistig und körperlich in der Lage sind, ein Nachtlokal zu führen, keine Alkoholiker sind und die »vorläufige Genehmigung« bekommen, das Lokal bis 3 Uhr zu betreiben. Quasi nach dem Motto: »Wir wollen mal überprüfen, ob ihr besoffen seid oder nicht. Wirte, die selbst ihre besten Kunden sind, bekommen keine Genehmigung.« Irgendwann fragte Gerti, ob sie nicht mal später kommen könnten, sie seien beide sehr müde und müssen schlafen. Da rief einer von hinten: »Der Frau Guhl können wir die Genehmigung schon geben, es ist sehr sauber und gepflegt, ich habe kürzlich eine Gulaschsuppe dort gegessen.« So bekam sie die Sperrstundenverkürzung bis 3 Uhr früh für 15 Jahre, danach 15 Jahre bis 4 Uhr, und die letzten 10,5 Jahre behielt sie diese Erlaubnis bis 5 Uhr früh.

Das Lokal wurde nach der Übernahme der Wirte in kurzer Zeit für die breite Gesellschaftsschicht, Familien, Bürger und sämtliche Berufsgruppen zum Geheimtipp, zuvor kehrten fast ausschließlich Trinker ein. Die Nischen eigneten sich fabelhaft für Liebschaften, private Zusammenkünfte jeder Art, Geschäftsbesprechungen und schriftstellerisches Schaffen – im Raum, aber trotzdem für sich. Von der Küche aus konnte Gerti sehen, wer reinkommt, so konnte sie beispielsweise eine Fremdgeherin im Separee warnen, wenn ihr Mann zur Tür hereinspazierte. Übrigens hat Gerti in ihrer gesamten Zeit als Gastronomin nur ein einziges Mal die Polizei gerufen, weil betrunkene Gäste vor dem Lokal heftig randalierten.
Gerti hat täglich frisch gekocht, sie achtete schon immer auf hochwertige Zutaten und gute Ernährung, es gab keine Nullachtfuchzehn-Packerlsuppn oder eine dünne Brühe mit fertig gekauften Pfannkuchen und Maggi, solche Küchen bedachte sie nur mit den Worten: »Pfui Deifi!«

2. Kapitel

Gerti Guhl, Wirtin mit Leib und Seele

1947 bis 1950

Gertrud Wanninger war ein ungewolltes Kind, zumal unehelich und daher in der damaligen sittlich streng moralischen Oberpfalz nicht unbedingt gern gesehen. Am 18. Mai 1947, zwei Jahre nach Ende des Zweiten Weltkriegs, wurde sie in München geboren.

MOSES: »Ihr seids kurz nach deiner Geburt umzong, gell?«
GERTI: »Mir? Naa! I alloa! Die Eltern ham mi als Gloakind scho abschom zum Bruada vo da Mama. Nach Stachesriad, weil mei Onkel hat no andere Kinder ghabt, da is auf oans mehr oder weniger nimmer okemma. Weil meine Eltern ham fast koa Geld ghabt.«
MOSES: »Wo isn des Stachesriad?«
GERTI: »Bei Furth im Wald, Landkreis Kötzting, an der tschechischn Grenz, nahe dem Wallfahrtsort Neukirchen beim Heiligen Blut. Mei Mama war glernte Möbelverkäuferin; die hat fei ghoaßn wia die tolle Kollegin vo dir, die Kabarettistin Franziska Wanninger. A mei Tantn und mei oane Nichtn ham so ghoassn.«
MOSES: »Und dei Voda?«
GERTI: »Der hat Ludwig Messerer ghoassn. War a Schachmeister, aber aa Sprengmeister im Brückenbau und Tiafbau. Scho ois mei Mama mit mir schwanger war, hats im Starnberger Undosa-Bad garwat. Ihr Kollegin, d Frau Wechselberger, hat na späder die Hotelgaststätte Wachau übernumma, da wo i mei Ausbildung zur Gaststättengehilfin gmacht hab.«
MOSES: »Hats damals no koane Kindergärten gem?«
GERTI: »Freile hats di gem. Aber des nötige Diridari war ned da. Drum hab i ja oiwei als Gloane scho as Hei aufgschicht und Erdäpfi glabt.«
MOSES: »Was habts eigentlich beim Arwan zum Essn kriagt?«
GERTI: »Mei, was hat ma da vor und nach der Feldarbeit gessn? Muichsuppn alle mitnand mim Leffi aus oam Topf nausgessn, Armensuppn hoid. Zwischndurch Marmaladbrot, weils oiwei a selbstgmachts Marmald ghabt ham. Trunga hamma an Linde's-Malzkaffee, des war a so a weiß Backerl mit blaue Punkt. Sonst hoit a Leitungswossa.«

> ***MOSES:*** *»Kurz nach deiner Geburt seid ihr umgezogen, nicht wahr?«*
> ***GERTI:*** *»Wir? Nein! Ich allein! Meine Eltern hatten mich als Kleinkind zum Bruder meiner Mutter abgeschoben. In den Ort*

Stachesried, denn mein Onkel hatte dort weitere Kinder, da kam es auf eines mehr oder weniger nicht an. Denn meine Eltern waren nahezu mittellos.«

MOSES: *»Wo liegt denn jenes Stachesried?«*

GERTI: *»Bei Furth im Wald, Landkreis Kötzting, an der tschechischn Grenze, nahe dem Wallfahrtsort Neukirchen beim Heiligen Blut. Meine Mutter war gelernte Möbelverkäuferin, sie hatte übrigens den gleichen Namen wie deine großartige Kabarettistenkollegin Franziska Wanninger. Meine Tante und meine Nichte hießen ebenso.«*

MOSES: *»Und dein Erzeuger?«*

GERTI: *»Sein Name war Ludwig Messerer, sowohl Schachmeister, als auch Sprengmeister im Brückenbau und Tiefbau. Bereits während meine Mutter mit mir schwanger war, übte sie eine Tätigkeit im Starnberger Hotel Undosa-Bad aus. Ihre Kollegin, Frau Wechselberger, übernahm später die Hotelgaststätte Wachau, in der ich meine Ausbildung zur Gaststättengehilfin absolvierte.«*

MOSES: *»Gab es seinerzeit keine Kindergärten?«*

GERTI: *»Selbstverständlich gab es die. Nur das nötige Kleingeld war nicht vorhanden. Deshalb habe ich ja bereits in jenem sehr jungen Alter Strohballen errichtet und Kartoffeln aufgesammelt.«*

MOSES: *»Was bekamen die Feldarbeiter damals eigentlich zum Essen?«*

GERTI: *»Nun, was gab es da vor und nach der Feldarbeit für Mahlzeiten? Milchsuppe, die man gemeinschaftlich mit dem Löffel aus einem Topf heraus verzehrte, quasi eine Armensuppe. Als Zwischenmahlzeit aßen wir Marmeladenbrote, weil es stets hausgemachte Marmeladen gab. Als Getränk bekamen wir Linde's-Malzkaffee aus einer weißen Packung mit blauen Punkten. In der übrigen Zeit tranken wir einfach Leitungswasser.«*

Die Mutter Franziska Wanninger

FRAUNHOFER-
SCHOPPENSTUBE
Werner und Gertrud Gubl
Spezialitäten aus Küche und Keller
bis 3 Uhr früh
Dienstag Ruhetag
8 München 5, Fraunhoferstraße 41, Telefon 26 31 20

Datum	DM	PF

MUICHSUPPN

Zutaten:
1 Liter gstecklte Muich
(Sauerrahm)
Mei
1 Liter Wossa
a Prisn Soiz

Zubereitung:
Ois aufkocha und den ganzn Baz bei gloana Hitz a hoibe Stund eikocha.

Inklusivpreise

FRAUNHOFER-
SCHOPPENSTUBE
Werner und Gertrud Gubl
Spezialitäten aus Küche und Keller
bis 3 Uhr früh
Dienstag Ruhetag
8 München 5, Fraunhoferstraße 41, Telefon 26 31 20

Datum	DM	PF

MILCHSUPPE

Zutaten:
1 Liter Sauerrahm
Mehl
1 Liter Wasser
eine Prise Salz

Zubereitung:
Alles zusammen aufkochen und den ganzen Brei bei geringer Temperatur eine halbe Stunde einkochen.

Inklusivpreise

FRAUNHOFER-
SCHOPPENSTUBE
Werner und Gertrud Gubl
Spezialitäten aus Küche und Keller
bis 3 Uhr früh
Dienstag Ruhetag
8 München 5, Fraunhoferstraße 41, Telefon 26 31 20

Datum	DM	PF

MAMALADBROT

Zutaten:
1 Scheim Brot
bisserl a Budda
Marmalad

Zubereitung:
Erst an Budda als Grundlag aufs Brot schmiern, dann nach Gschmack an Marmalad nauf.

Inklusivpreise

FRAUNHOFER-
SCHOPPENSTUBE
Werner und Gertrud Gubl
Spezialitäten aus Küche und Keller
bis 3 Uhr früh
Dienstag Ruhetag
8 München 5, Fraunhoferstraße 41, Telefon 26 31 20

Datum	DM	PF

MARMELADENBROT

Zutaten:
1 Schreibe Brot
etwas Butter
Marmelade

Zubereitung:
Zunächst Butter als Untergrund auf das Brot schmieren, dann je nach Gusto Marmelade daraufgeben.

Inklusivpreise

Familie Wanninger mit Gerti (hinten Mitte)

Mit dreieinhalb Jahren fuhr die kleine Gerti im hölzernen Mistwagen mit, in dessen Mitte es einen aus mehreren Latten bestehenden Holzbalken-Bereich gab. Ähnlich wie bei einem Liegestuhl oder einer Schubkarre konnte man dort mit Rad und Griff den Balken bewegen, um den Mist reinzukippen. Gerti hat während der Fahrt zwischen zwei Abladestellen darauf geschaukelt, ist abgerutscht und mitten in den Odel hineingefallen. Glücklicherweise war ihr älterer Cousin zugegen und hat sie wieder rausgezogen.

Gerti hat immer die positive Seite am Leben gesehen, die schönen Blumen gesucht, die Sonne angeschaut, die Tiere geliebt. Es war für sie schon als Kind schwierig, wenn die Sau, die sie monatelang gefüttert hatte, geschlachtet wurde.

1950 bis 1960

Als Gerti vier Jahre alt wurde, ist die Familie in den Münchner Süden nach Forstenried gezogen, wo man weiterhin in sehr armen Verhältnissen zusammenlebte. Ein Zimmer, 20 m² mit integrierter Küche und Toilette. Es war sehr eng in dem kleinen Wohnraum, die finanziellen Mittel waren gering, man aß und lebte bescheiden. Jede Möglichkeit, etwas dazuzuverdienen, war willkommen. Also musste auch die kleine Gerti zur Aufstockung des Haushaltsgeldes beitragen.

Moses: »Und wia hast du da als Vorschulkind a Geid vadiena kenna?«
Gerti: »Des Gloakind vo unsere Vermieter, d Familie Matté, des hab i damals versorng miassn. I war damois erst vier, des Wuzerl grad amoi a boo Monat oid.«

***Moses:** »Wie konntest du denn als Kind im Vorschulalter bereits Geld verdienen?«*
***Gerti:** »Unsere Vermieter, Herr und Frau Matté, waren stolze Eltern eines Kleinkindes, das ich seinerzeit hüten musste. Ich war erst vier Jahre, der kleine Zwerg gerade mal ein paar Monate alt.«*

Wenig später ist Gerti in einen Kindergarten gekommen und war somit zunächst von den diversen Tätigkeiten befreit. 1952 erwarben Gertis Eltern ein Grundstück in Forstenried, bis zur Fertigstellung des Hauses zogen sie nebenan als Untermieter in ein Zimmer.

Moses: »Da wars dann mit der Befreiung von deinen Nebentätigkeiten vorbei, oder?«
Gerti: »Ois i Zehne worn bin, is glei wieder losganga mit da Kinderarbeit: Kocha, eikafa, Haushalt, rama, putzen, ois, richtig harte Arwad.«

***Moses:** »Das war dann vermutlich das Ende der Zeit ohne Nebenbeschäftigung für dich?«*
***Gerti:** »Nach meinem zehnten Geburtstag ging die Kinderarbeit weiter: Kochen, einkaufen, den Haushalt organisieren, aufräumen, putzen, alles, richtig harte Arbeit.«*

Kurz danach begann die Errichtung des Hauses.

Moses: »Des war a Schwarzbau, gell?«
Gerti: »Ja. Mei Mama und i ham an Humus abgram und hint an gloana Berg oglegt. De Gruam, wo mir ausghom ham, war eif Mäda lang und nein Mäda broad. Na is da Bagger kemma und hat an Kies nausgholt. D Kellerwänd san schalldicht ausgossn worn. Mit meiner Freindin Ingrid san mir oiwei in dem dreißg Zantimeta broadn Schacht drinnagstandn und ham mit Eisenstanga die Wänd fixieren miassn. Alloa bis mir da nunter san, des war scho lemsfährlich. Seinerzeit warn ja Schrazn auf da Baustei no ned vabon, Motto: Eltern haftn für ihre Kinder. Vorher hamma mir Holzpfähl ausm Woid ghoid und mit Taue zambundn, des war wacklig ohne End, da war ja ununterbrochane Einsturzgfahr. Überhaupts da ganze Hausbau, da warma mir Kinder bessere Handlanger. Beton-

Maschin fülln, Mörtl riarn, Koik oblescha, Gartn umgram, giassn, Tiere gfuadad, kocht und vo Hand abgwaschn.«

Moses: *»Bei dem Haus handelte es sich um ein nicht legal errichtetes Bauwerk ohne Genehmigung, nicht wahr?«*

Gerti: *»Ja. Meine Mutter und ich haben die Erde ausgehoben und weiter hinten zu einem kleinen Berg aufgehäuft. Die Grube, die wir aushoben, war 11 m lang und 9 m breit. Danach kam der Bagger und holte den Kies heraus. Die Kellerwände wurden schalldicht ausgegossen. Meine Freundin Ingrid und ich standen häufig in dem 30 cm breiten Schacht und mussten mit Eisenstangen die Wände fixieren. Bereits der Abstieg war schon lebensgefährlich. Seinerzeit waren ja Kinder auf Baustellen noch nicht verboten, nach dem Motto: Eltern haften für ihre Kinder. Zuvor holten wir Holzpfähle aus dem Wald, die wir mit Seilen zusammenbanden, das war ausgesprochen unstabil, es herrschte latente Einsturzgefahr. Generell wurden wir Kinder beim gesamten Bauvorhaben als bessere Hilfskräfte eingesetzt. Wir füllten den Betonmischer, rührten den Mörtel an, löschten den Kalk ab, gruben den Garten um, gossen die Pflanzen, fütterten das Vieh, bereiteten das Essen zu und spülten mit der Hand das Geschirr ab.«*

Auf dem Hof gab es einige Tiere:
• 2 Schweine
• 1 Ziege
• 1 Schaf
• 10 Hühner
• 6 Enten und
• 1 Kater – und der hieß Peterle

Elektrisches Licht bekam Familie Wanninger erst 1955. Das kleine Haus hatte insgesamt 36 m^2 Wohnfläche, was für 5 Personen nicht üppig war. Trotz fehlender Beleuchtung musste Gerti nach getaner Arbeit in Haus und Garten für die erste und zweite Volksschulklasse abends Hausaufgaben machen. Da war der Stress vorprogrammiert.

Moses: »Wie hast denn ohne a Liacht aufd Nacht was xeng?«
Gerti: »Mei, i hab hoid Karbid- und Petroleum-Lampen fürd Hausaufgam hergnumma. Irgendwann hat si dann d Schui kümmert, dass mir a Liacht kriang. Gschlaffa, gessn, trunga und Hausix hab i auf da Couch gmacht. Es hat aa koan Stui und koan Disch gem, vui z eng ois. Manchmoi hab i d Hausaufgom vor da Schui vo Klasskameradn abgschriem, weil i an ganzn Dag andere Dinger macha hab miassn.«

Die 1. Klasse

Moses: »Und wer hat ois in dem gloana Heiserl gwohnt?«
Gerti: »I, mei Mama, mei Hoibbruada, mei jüngere Schwester und da Voda.«
Moses: »Wo habts die Notdurft verricht? Am Plumpsklo?«
Gerti: »Da hats für alle zamma a so a Scheißheisl mit Herzl am Hof gem.«
Moses: »Wahrscheinle aa koa Klopapier?«
Gerti: »Iwo! Da gabs nur a Zeitungspapier am Hakerl. Und des war eh so a Gschicht: Die Öffnung vo da Schüssl war vui z groß, d Kinder ham se festhoitn miassn, damits ned neifoin. Des war bsonders im Winter schee. Außerdem hamma mir d Scheisse oiwei naushoin miassn, mit Erde zambazn und in Gartn aufn Kompost kippa. Des hat ma überall so gmacht. Im Winter is des ois eigfrorn, damits steril werd. Im Herbst hastas dann ois Odl hernehma kenn, denst im Herbst nomoi mit Erde vermischt aufd Erdäpfi naufdo hast.«
Moses: »An Guadn.«

Moses: »Wie konntest du denn ohne Licht abends etwas sehen?«
Gerti: »Nun, ich verwendete für meine Hausaufgaben eine Gaslampe aus Calciumcarbid, teilweise auch mit Petroleum betriebene Leuchtquellen. Eines Tages hat meine Schule veranlasst, dass in unserem Haus elektrisches Licht installiert wird. Ich schlief, aß, trank und erledigte die Hausaufgaben auf dem Kanapee. Wir besaßen aus Platzmangel weder Stuhl noch Tisch. Teilweise schrieb ich meine Hausaufgaben von meinen Mitschülern vor dem Unterricht ab, weil ich am Vortag so vielen anderen Tätigkeiten nachgehen musste.«
Moses: »Wer bewohnte alles diese kleine Behausung?«
Gerti: »Ich, meine Mutter, mein Halbbruder, meine jüngere Schwester und der Vater.«
Moses: »Nutztet ihr eine Toilette ohne Wasserspülung?«
Gerti: »Wir hatten im Hof eine Gemeinschaftstoilette mit einem ausgesägten Herz in der Tür.«
Moses: »Vermutlich gab es auch kein Toilettenpapier?«
Gerti: »Wo denkst du hin! Wir hatten lediglich Zeitungspapier an einer Aufhängung. Das war übrigens nicht ohne: Die Öffnung der Toilettenschüssel war viel zu groß, die Kinder mussten sich festhalten, um nicht hineinzufallen. Das war besonders im Winter schön. Ferner mussten wir die Fäkalien regelmäßig herausholen, in den Garten auf den Komposthaufen schütten und mit Erde vermischen. Das wurde überall so gemacht. Im Winter war alles durchgefroren, sodass es steril wurde. Dann erst konnte man es als Dünger verwenden, der im Herbst, erneut mit Erde versehen, auf den Kartoffeln verteilt wurde.«
Moses: »Guten Appetit.«

Die Volksschule Forstenried war eine knappe halbe Stunde zu Fuß vom Wohnhaus der Familie Wanninger entfernt. Im Winter gab es seinerzeit keine Räumfahrzeuge, wie man es heute gewohnt ist. Der Vater ebnete mit seinen Fußstapfen den Schulweg für die Kinder, die hinter ihm hergingen. Die Schule und der anschließende Hort umfassten den werktäglichen Zeitraum von 8 bis17 Uhr.

Seinerzeit kamen u. a. folgende Speisen bei Familie Wanninger auf den Tisch:

Griaßbrei mit Himbea-Sirup

Zutaten:
1 Liter frische Milli (Voimuich)
75 g Griaß
75 g Budda
75 g Zucka
1 Vanillinschotn
1 Prisn Soiz
Zimt nach Gschmack
Himbea-Sirup

Zubereitung:
Muich, Budda, Zucka, Vanillinschotn und Soiz aufkocha, Griaß eine und unter permanentm Riahrn zamkocha. In Schüssln nei, an Himbea-Sirup naufkippa und mit Zucka und Zimt nauf.

Grießbrei mit Himbeersirup

Zutaten:
1 Liter frische Milch (Vollmilch)
75 g Grieß
75 g Butter
75 g Zucker
1 Vanillinschote
1 Prise Salz
Zimt nach Geschmack
Himbeersirup

Zubereitung:
Milch, Butter, Zucker, Vanillinschote und Salz aufkochen, Grieß hinein und unter ständigem Rühren köcheln lassen. In Schüsseln füllen, mit Himbeersirup übergießen und mit Zucker und Zimt bestreuen.

Marillnknedl

Zutaten:

500 g Erdäpfi
100 g Mei
75 g Griaß
1 Oadotta
1 Essleffi flüssign Budda
1 Prisn Soiz
Fürd Füllung:
8 Marilln
8 Stückerl Wiafezucka

Bresl:
50 g Budda
50 g Zucka
150 g Semmibresl

Zubereitung:
Marilln waschn, trockna, Kerne naus und die laare Kernhülln mit je oam Stückerl Wiafezucka fülln. Erdäpfi kocha, pelln und gscheid durchd Pressn drucka. Mit Mei, Griaß, Dotter, am flüssigen Budda und Soiz vamischn und zu am glatten Doag zambazn. D Händ mit Mei bstaum. 8 Doagstickerl zu a rundn Scheim forma, je a Marilln einedo und zu Knedl forma. In kechindem Soizwossa 10 Minuten ziang lassn. Ned kocha. Budda, Bresl und Zucka vermenga und in der Pfanna oschwitzn. Knedl abschepfa, in Buddabresl wäizn, an Puderzucka naufstrei und hoaß serviern.

Marillenknödel

Zutaten:
500 g Kartoffeln
100 g Mehl
75 g Grieß
1 Eidotter
1 Esslöffel flüssige Butter
1 Prise Salz
Füllung:
8 Marillen
8 Stück Würfelzucker

Brösel:
50 g Butter
50 g Zucker
150 g zerpflückte Brötchen

Zubereitung:
Marillen waschen, trocknen, entkernen und die leere Kernhülle mit je einem Stück Würfelzucker füllen. Kartoffeln kochen, schälen und durch die Kartoffelpresse drücken. Mit Mehl, Grieß, Dotter, flüssiger Butter und Salz vermengen und zu einem glatten Teig verkneten. Hände mit Mehl bestäuben. 8 Teigstücke zu einer runden Scheibe formen, je eine Marille hineinlegen und zu Knödeln formen. In köchelndem Salzwasser 10 Minuten ziehen lassen. Nicht kochen. Butter, Brösel und Zucker vermengen und in der Pfanne anschwitzen. Knödel abschöpfen, in Butterbrösel wälzen, mit Puderzucker bestreuen und heiß servieren.

Zwetschgnknedl

Zutaten:
500 g Erdäpfi
50 g Mei
50 g Griaß
2 Oadotta
2 Essleffi flüssign Budda
1 Prisn Soiz
1 Prise Zucka
50 g Semmibresl
7 Zwetschgn
7 Stück Wiafezucka

Zubereitung:
Erdäpfi kocha, schäin und no hoaß mit am Stampfer zu am Brei zamdrucka. Dotta, Mei, Griaß, Semmibresl flüssign Budda und Soiz dazuagem und des ois zu am Doag zamknen. Fois de Festigkeit no ned basst, a bisserl a mei eine. Stoa aus de Zwetschgn ausse und an dera Stei, wo de Kern gweng han, je a Stickerl Wiafezucka einedo. Aus dem Doag kloane Bazerl in Zwetschgngress zamroin, flachdrucka, de mim Zucka gfuitn Zwetschgn eine und zu Knedl drahn, des Ganze 12 Minutn im Wossa kocha lassn. Budda, Semmebresl und Zucka in der Pfann hoaßmacha zamschiam. Knedl ausm Wossa nehma, abtropfn und auf Teller herrichtn. De hoaßn Bresl om aufe.

Zwetschgenknödel

Zutaten:
500 g Kartoffeln
50 g Mehl
50 g Grieß
2 Eidotter
2 Esslöffel flüssige Butter
1 Prise Salz
1 Prise Zucker
50 g zerpflückte Brötchen
7 Zwetschgen (keine Pflaumen!)
7 Stück Würfelzucker

Zubereitung:
Kartoffeln kochen, pellen und noch im heißen Zustand mit einem Kartoffelstampfer zu einer einheitlichen Masse verstampfen. Dotter, Mehl, Grieß, zerpflückte Brötchen, flüssige Butter und Salz hinzugeben und zu Teig vermengen. Falls die gewünschte feste Konsistenz nicht erreicht wurde, mengt man noch etwas Mehl hinein. Zwetschgen entkernen und statt der Kerne je einen Würfelzucker einsetzen. Aus dem Teig kleine Bällchen in der Größe von Zwetschgen formen, flachdrücken, die Zwetschge mittig hineindrücken und zu Knödeln drehen. Die Knödel 12 Minuten in kochendem Wasser brodeln lassen. Butter, zerpflückte Brötchen und Zucker für Brösel in der Pfanne erhitzen und vermengen. Knödel aus dem Wasser nehmen, abtropfen und auf Tellern anrichten. Mit den heißen Bröseln bestreuen.

Scheiterhaufa

Zutaten:
a Viertelliter Muich
4 Oa
60 g Puderzucka
1 Prisn Soiz
4 oide Semmin
a Pfund Äpfi
5 Essleffi Zucka
an Schwung gmoina Zimt
100 g Rosina
a Stickerl Budda
a Prisn Puderzucka zum Dekoriern

Zubereitung:
De oide Semmin wern in da Muich aufgwackt, as Soiz, an Zimt, an Zucka und an Puderzucka dazua. Nach a Viertelstund de butztn, entkerntn und gloagschnina Äpfi zam mit de vier Oa und de Rosina eine. Budda aufgflockt aufe und ins Backrohr nei. A Dreiviertelstund bei 180 Grad aufbacka. Puderzucka nauf, serviern.

Scheiterhaufen

Zutaten:
250 ml Milch
4 Eier
60 g Puderzucker
1 Prise Salz
4 alte Brötchen
500 g Äpfel
5 Esslöffel Zucker
einen Teelöffel gemahlenen Zimt
100 g Sultaninen
ein Stück Butter
eine Prise Puderzucker für die Dekoration.

Die Brötchen in Milch einweichen mit Salz, Zimt, Zucker und Puderzucker vermengen. Nach 15 Minuten die geschälten, entkernten und in kleine Scheiben geschnittenen Äpfel samt den vier Eiern und den Sultaninen untermengen. Mit Butterflocken bestreuen und 45 Minuten bei 180 Grad backen. Mit Puderzucker dekorieren und anrichten.

Äpfistrudl

Zutaten fürn Doag:
200 g Woaznmei
a Prisn Soiz
50 ml lauwarms Wossa
1 Oa
bisserl a Öl

Zutaten fürd Füllung:
1 Kilo Äpfi
100 g Zucka
a bisserl Zimt
2 Essleffi Zitronasaft
2 Essleffi Dschamaika Rumverschnitt
50 g Semmibresl
100 g Rosina
50 g Budda
bisserl a Mei
bisserl an Puderzucka

Zubereitung:
As Mehl mit dem andern Graffe fiern Doag in a Schüssl eine, gscheid durchknetn, bis a glatter Doag worn is. A Kugel draus forma, mit bisserl am Öl eireim. Hoibe Stund flacka lassn. Backpapier derweil aufs Blech aufe. As Rohr auf 180 Grad vorhoazn.
Äpfi waschn, schäin, butzn, entkerna und kloaschnein. Zucka, Zimt, Zitronasaft, Semmibresl, Rosina und Rumverschnitt nei. Mei auf a farbigs Gschirrhandtuach naufstrei, Doag mim Nudlhoiz so dinn ausroin, bis ma des Duach durchsigt. Budda auslassn und aufn Doagrand aufestreicha. Äpfi-Füllung ins untere Drittl vom Doag längs mittig neikippa, so, dass die oberen zwoa Drittl und der Rand vom Doag frei bleim. Doagränder rechts und links zamklappm. Doag mitsamt der Füllung nach om aufroin. Mim Doag-Ende nach untn aufs Backpapier ins Rohr eine. Dreiviertelstund bochan. Puderzucka nauf, serviern.

Apfelstrudel

Zutaten für den Teig:
200 g Weizenmehl
1 Prise Salz
50 ml lauwarmes Wasser
1 Ei
etwas Öl

Zutaten für die Füllung:
1 Kilo Äpfel
100 g Zucker
ein wenig Zimt
2 EL Zitronensaft
2 EL Jamaica Rumverschnitt
50 g zerrupfte Brötchen
100 g Rosinen
50 g Butter
etwas Mehl
etwas Puderzucker

Zubereitung:
Mehl, Salz, Wasser, Ei und Öl in einer Schüssel mit dem Knethaken eines Handrührgerätes zu einem glatten Teig verarbeiten. Daraus eine Kugel formen, mit etwas Öl einreiben. Den Teig für 30 Minuten ruhen lassen. Das Backblech mit Backpapier belegen. Den Backofen auf 180 Grad vorheizen.
Äpfel waschen, schälen, entkernen und in dünne Scheiben schneiden. Zucker, Zimt, Zitronensaft, zerrupfte Brötchen, Rosinen und Rumverschnitt beigeben. Ein buntes Geschirrhandtuch mit Mehl bestreuen und den Teig mit dem Nudelholz so dünn ausrollen, dass man das Tuch durchscheinen sieht. Die Butter in einem Topf zerlassen und auf den Rand des Teiges streichen. Die Apfelfüllung ins untere Drittel des Teiges längs mittig einfüllen, so, dass der obere Teil und die Ränder des Teiges frei bleiben. Teigränder rechts und links zusammenklappen und den Teig mitsamt der Füllung nach oben aufrollen. Schließlich mit dem Teigende nach unten auf das Backblech und im Backofen 45 Minuten backen. Mit Puderzucker bestreuen und servieren.

Risibisisuppn

Zutaten:
100 g Putenfilet
50 g Reis
500 ml Briah (Gmias)
a Zwiefe
3 Teeleffi Öi
a Dosn Leipziger Allerlei
Soiz
Pfeffer
Kerbel

Zubereitung:
Reis kocha, Putenfilet kloaschnein, Zwiefe abziang, hacka, obron, Putenschnitzel dazua, Briah eine, aufkocha. Leipziger Allerlei abgiaßn und zam mim Reis neikippa. Kerbel, Soiz und Pfeffer nauf. Fertig.

Risibisisuppe

Zutaten:
100 g Putenfilet
50 g Reis
500 ml Gemüsebrühe
1 Zwiebel
3 TL Öi
1 Dose Leipziger Allerlei
Salz
Pfeffer
Kerbel

Zubereitung:
Reis kochen, Putenfilet kleinschnitzeln, Zwiebel häuten, hacken und in heißem Öl goldgelb dünsten, Putenschnitzel hinzugeben, Brühe daraufgießen, aufkochen, Leipziger Allerlei abgießen und mit dem gekochten Reis hineingeben. Kerbel, Salz und Pfeffer hinzu. Fertig.

Moses: »Gab es irgendeine regelmäßige Speise?«
Gerti: »z Essen gabs an Tafelspitz mit Semmelbrösel/Mehl-Sauce, bissel a Sahne und a frischgriemner Kren, dazua abgreste Semmiknel oder Soizkartoffin. Des war a Stan Darth Essn.«

> ***Moses:** »Kamen regelmäßige Gerichte auf den Tisch?«*
> ***Gerti:** »Ja, wir verzehrten regelmäßig Tafelspitz mit Semmelbrösel/Mehl-Sauce, etwas Sahne und frisch geriebenem Meerrettich an gerösteten Semmelknödeln oder Salzkartoffeln. Dies war unser Standardessen.«*

Moses: »Was war eigentle a Fuhrmannssuppn?«
Gerti: »A Fleischsuppn mit abgrests oids Brot und Zwiawe, obendrauf a Eigelb. Dadurch, dass des ois hoass war, is der Dotter grunna. Kimmt no a Petersil nei, na is des a super Gschicht.«

> ***Moses:** »Was war eigentlich die sogenannte Fuhrmannssuppe?«*
> ***Gerti:** »Hierbei handelt es sich um eine Fleischsuppe mit gerösteten Brotresten und Zwiebeln, darauf gibt man ein Eigelb. Da die Suppe sehr heiß ist, gerinnt das Dotter. Schließlich dekoriert man es noch mit Petersilie, dann ist das eine feine Angelegenheit.«*

Moses: »Und Banadlsuppn?«
Gerti: »Oide Semmin abgrest mit kloagschniade Zwiawe, des ganze ind Fleischsuppn nei, aufkocht und an Schuss süße Sahne nei.«

> ***Moses:** »Und was ist Banadlsuppe?«*
> ***Gerti:** »Man röstet alte Brötchen mit fein gehackten Zwiebeln. In eine Fleischsuppe geben, aufkochen und eine Idee Schlagrahm hinein.«*

Moses: »Und a Rollgerstnsuppn?«
Gerti: »Des is a runde Gerstn, mit vui geibe Ruam und greichertm Speck mitkocht, damit da Gschmack neikumt.«

> ***Moses:** »Und eine Rollgerstnsuppe?«*
> ***Gerti:** »Diese besteht aus runder Gerste mit haufenweise Karotten und geräuchertem Speck. Man kocht alles zusammen, damit ein ausgewogenes Aroma entsteht.«*

1961 bis 1963

Von 1961 bis 1963 machte Gerti in der Hotelgaststätte Wachau nahe des einige Jahre später errichteten Klinikums Großhadern eine Lehre als Gaststättengehilfin und Kellnerin. Das denkmalgeschützte Haus wurde 1539 erstmals als Bauernhof erwähnt und 1804 zur Wirtschenke umgebaut. 1900 erwarb es die Familie Michael Filser unter dem Namen »Alter Wirt«, ab 1935 hieß es »Wachau«. 1955 kaufte Franz Brombach, der Vater des heutigen Brauereibesitzers, das Anwesen und verpachtete es nacheinander an zwei Familien, u. a. Familie Wechselberger, die Gertis Lehrzeit bestritten. Nach einjährigem Umbau wurde es 1995 unter der Leitung von Angela und Uwe Pianka als »Gasthaus zum Erdinger Weißbräu« wiedereröffnet – mit dem ersten Weißbiergarten Münchens.

Die folgenden Seiten stammen aus Gertis während der Lehre selbst geschriebenem Kochbuch

Mittagessen mit Kindern

Reisauflauf:

½ l Milch etwas Zitronensaft 1 Prise Salz 125 g Reis 10 g Fett	Brei Garzeit 30 - 45 Minu.
4 Eigelb 40 g Fett 40 g Zucker 1 Päckchen Vanillzucker	Schaummasse
40 gr. Rosinen 40 gr Mandeln 1-2 Eischnee	Lockerungsmasse

Kompott:

1 ℔ Obst, ¼ - ½ l Wasser, 2-3 Eßl. Zucker, Zitronenschale Zimtrinde mit kochen.	Garzeit 2- 15

Fleißig weiter arbeiten !!

Sonntagliches Essen – besonders schmackhaft.

Grießnockerlsuppe:

Grünzeugbrühe,

10g Fett
Grünzeug
1 Zwiebel
$1\frac{1}{2}$ l Wasser
$\frac{1}{2}$ E. Salz
Schnittlauch

Kochzeit 15 Minuten

Nockerlteig,

40g Butter
70g Grieß
1 Ei
$\frac{1}{4}$ T. Salz
Muskatnuß

25 Minuten ziehen lassen.

Festliches Essen

16. 11. 62

Thunfischsalat

1 D. Thunfisch
2-4 Kartoffeln
1/4 Zwiebel
1-2 harte Eier
1 Apfel
1x Mayonnaise

Garnitur:

Oliven,
Kaviar,
Kopfsalat,
Lachs.

Mahlzeiten unter Berücksichtigung der Marktlage

Lauchsuppe:

1 - 2 Stg. Lauch
20g Fett
4 E Mehl
1¼ l Wasser
1 T. Salz
Maggi
Muskatnuß

Kochzeit 20 Minuten

Apfelstrudl

200g Mehl
6-8 E. Wasser
1 Pr. Salz
1 E. Öl

= ½ Port. elastischer Mehlteig.

21.9.62

Zwischenmahlzeit

Milchmixgetränk:

Bananenmilch!

1 l Milch
2 Bananen
2-3 Eßl. Zucker
einige Tropfen Zitronensaft
oder Vanillezucker
1 Ei
1 Eßl. Himbeersirup
1 Eßl. Arrak

Knäckebrot mit Butter

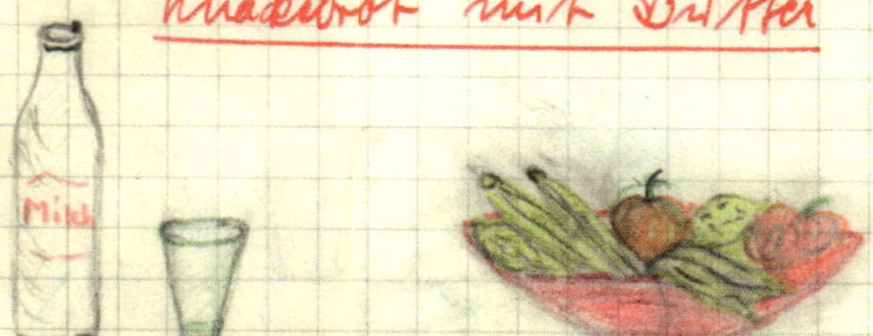

Einfaches Mittagessen

Pickelsteiner:

3/4 - 1 ℔ Fleisch (3 Sorten)

40g Fett

1 Zwiebel

1 Eßl. Salz

1 Messersp. Pfeffer od. Paprika

½ - 1 ℔ Stck. Rosenpaprika

½ - 1 ℔ Kartoffeln

1½ ℔ verschiedenes Gemüse

(½ - 1 Stk. Rosenpaprika)

½ l Brühe

Petersilie

Garzeit: 30 Minuten

Werbekarte der Hotelgaststätte Wachau in Hadern

MOSES: »Wann habts Ihr damals aufsteh miassn?«
GERTI: »In aller Herrgottsfrüh, so zwischen Fimfe und Sechse. Mir ham ja erstamoi alle Zimmer abklappert und die Schuah zamglaubt, auf die Schuhsoin mit Kreidn d Zimmernummern notiern und in am kloana Zimmer putzn, Schuhwix auftrong und poliern. Des war scho a rechter Zeitdruck, weil ma ja um Sechse scho mit saubere Händ fürs Frühstück eidecka ham miassn. Frühstück hats ab Simme gem, logo auf- und abrama und glei drauf eidecka für Mittagstisch. Verschnaufpaus hats koane gem, weil aa nachmittags hast hockableim miassn, wennd Einheimischn kartlt ham. Hätt ma sonst sei Ruah ghabt. Oft is des bis Mitternacht ganga, die ham an rechtn Bierdurscht ghabt. Kannst der ja ausrechna, gschlafa hamma höchstens fünf Stund.«
MOSES: »Des is ja Sklavenarbeit.«
GERTI: »Freile. Außer, wenn koana zum Kartln da war, na hamma vo 15 bis 17 Uhr Zimmerstund ghabt, oben im ›Juchä‹ unterm Dach, wo mir zu Dritt gewohnt haben, a Griechin mit ihrer Tochter und i. Oa Waschbecken, wo ma si waschen hat kenna. Bäder und Duschn hats scho aa gem, aber de warn nur fürd Hotelgäst. Mir warn insgesamt zwoa Bedienungen inklusiv mir, dazua a boo Aushilfen. Wenns brennt hat, hat ab und zua da Juniorchef aufd Nacht mitghoifa.«

***MOSES:** »Um wie viel Uhr musstet ihr seinerzeit aufstehen?«*
***GERTI:** »Sehr früh am Morgen, etwa zwischen 5 und 6 Uhr. Wir mussten zunächst alle belegten Hotelzimmer ablaufen und die*

Schuhe der Gäste zusammensuchen, auf den Schuhsohlen mit Kreide die jeweiligen Zimmernummern notieren und in einem Extraraum reinigen, mit Schuhcreme versehen und polieren. Wir hatten ziemlichen Zeitdruck, da man ja bereits um 6 Uhr mit blitzblanken Händen für das Frühstück eindecken musste. Um 7 Uhr wurde das Frühstück serviert, danach wieder auf- und abräumen und gleich wieder für den Mittagstisch eindecken. Atempausen gab es nicht, da wir auch nachmittags anwesend sein mussten, wenn die Eingeborenen sich beim Kartenspiel vergnügten. Andernfalls hätten wir uns in dieser Zeit ausruhen können. Häufig dauerte dies bis Mitternacht, diese Menschen labten sich durstig am Biere. Es lässt sich ja einfach ausrechnen, wir bekamen höchstens fünf Stunden Schlaf.«

MOSES: *»Das ist ja Sklavenarbeit.«*

GERTI: *»Absolut. Nur selten, wenn mal keine Kartenspieler gekommen sind, hatten wir von 15 bis 17 Uhr sogenannte ›Zimmerstunde‹, oben im ›Juchhe‹ unter dem Dach, wo wir uns zu dritt ein Zimmer teilten, eine Griechin mit ihrer Tochter und ich. Ein Waschbecken. Im Haus waren auch Bäder und Duschen vorhanden, aber die durften lediglich die Hotelgäste nutzen. Es gab insgesamt zwei Bedienungen inklusiv mir, außerdem eine Handvoll Aushilfen. Wenn sehr viel los war, half zeitweise abends der Juniorchef mit.«*

MOSES: »Und nach der Zimmerstund habts dann oisse fün Abend hergricht?«

GERTI: »Naa, des hamma scho nachm Mittagessn gmacht. Nachmittags hamma auf die Knia an Hoizbon gwischt und eigwachst mit da Blockerbürschtn. Staubsauger hats ja koan gem. Und mei, die langa Läufer, wia bei Filmpremieren, woasst scho, so rote lange Viecher, die hamma zamgroit, naus in Schnee trong und ausklopft. Was moanst, wia schwar des Graffi war?«

MOSES: »Und im Sommer?«

GERTI: »Da aa. Bierfassl hamma selber ozapft, da is oft was and Deckn gspritzt. Dann hamma Limokästn umananda-gschleppt. Und de schwarn Körb mit da Hotelwäsch hamma nausgwucht und aufghängt. Des Glump war durch de Näss ja kollossal schwar, des Gwicht hast erst amoi dabacka miassn. Mir ham gschuft wiad Schweine.«

MOSES: *»Und nach der Zimmerstunde musstet ihr dann alles für den Abend vorbereiten?«*

GERTI: *»Iwo, das haben wir bereits nach dem Mittagsmahl erle-*

digt. Nach 17 Uhr wienerten wir auf den Knien den Holzboden, um ihn anschließend mit dem Bohnerbesen einzuwachsen. Wir hatten ja keinen Staubsauger. Und, herrje, diese elend langen Teppichläufer, weißt du, wie bei Filmpremieren, solch monströse Lulatsche, die mussten wir zusammenrollen, hinaus in den Schnee tragen und ausklopfen. Du kannst dir nicht ausmalen, wie schwer dieses Gelumpe war.«

Moses: *»Und im Sommer?«*

Gerti: *»Da war es ebenso. Bierfässer mussten wir selbst anzapfen, da spritzte oft etwas an die Decke. Ferner schleppten wir Limonadenkästen umher. Die bleischweren Körbe mit der Hotelwäsche wuchteten wir hinaus und hängten sie auf die Leine. Dieses Zeug war durch die Nässe ja enorm gewichtig, das muss man erst mal heben können. Wir haben geracker wie die Gäule.«*

Moses: »Habts ihr dann des Gleiche gessn wia die Gäst?«

Gerti: »Null! Gonix, koa frischs Gmias oder Obst! Sogar vom selber gmachtn Kuacha hamma erst nach drei Tag essn derfa. Begründung war: sonst essns zfui davo. Mir Lehrling hamd Reste kriagt, die ma nimmer and Gäst hat verkaffa kenna. A oids Blaukraut, labbrige Knedl, halt ois, was nimmer zum Verkauf daugt hat.«

Moses: »Des is ja Ausbeutung pur. Des dad heit nimmer laffa.«

Gerti: »Heit dads da Klagn ohne End gem. I hab mi ja aa bei meine Eltern bschwert. Die ham aber nur gsagt: Lehrjahr san koane Herrenjahr. Da derfst da ned zu fein sein dafia. Arwat hat no koam gschadt. Es huift nix. Du ziagst die Lehr durch, na kannst macha, wasd wuist.«

Moses: »Meiomei, da hams di ned gschont.«

Moses: *»Bekamt ihr denn das Gleiche zu Essen wie die Gäste?«*

Gerti: *»Von wegen! Nichts, weder frisches Gemüse noch Obst. Selbst vom selbst gemachten Kuchen haben wir erst nach drei Tagen essen dürfen. Begründung: sonst essen wir zu viel davon weg. Wir Lehrlinge haben die Reste bekommen, die nicht mehr an die Gäste verkauft werden konnten. Alten Rotkohl, zerkochte Knödel, eben dies, was sich nicht mehr unters Volk bringen ließ.«*

Moses: *»Das ist ja reine Repression! Damit kämen die heutzutage nicht mehr durch.«*

Gerti: *»Heute würde es da haufenweise Klagen hageln. Als ich mich bei meinen Eltern echauffierte, sagten sie: Lehrjahre sind keine Herrenjahre. Du darfst dir nicht zu fein sein. Arbeit hat noch niemandem geschadet. Wie schlimm es auch für dich ist, du*

Die erste Party, 1963

wirst diese Lehre bis zuletzt durchziehen, danach darfst du selbst entscheiden, was du machst.«
***Moses:** »Mannomann, da hast du ja einiges durchgemacht.«*

Gerti: »Da hats ja no ganz andere Sachan gem. Toilettengulli naushoin beim Herrenpissoir, des war scho absolut eglhaft. Und ois ohne Butzmiddl. Nixn. Grad amoi Handschuah und a hoaß Sodawasser, des hats gem.«
Moses: »Also dei Ruah hast du in dene Jahr so guad wie ned ghabt.«
Gerti: »Na ja, Donnerstag war der Ruhetag im Hotel, aber da hab i ind Berufsschul miassn von 8 bis 16 Uhr. Und glei drauf zruck ins Hotel, weil i da vo 17 bis 22 Uhr Telefondienst ghabt hab, komplett ohne irgenda Pausn. Des war mei freier Dog. Und ois Belohnung hats Essensreste und Wossa gem.«
Moses: »Leibeigenschaft hat ma des friara ghoassn.«
Gerti: »Ganz genau.«

***Gerti:** »Es sind noch weitere Dinge vorgefallen. Das WC-Bodengitter im Herrenpissoir herausholen, das war wirklich komplett widerlich. Und ohne jegliches Putzmittel. Nichts. Lediglich Handschuhe und heißes Sodawasser gab es.«*
***Moses:** »Sprich: Ausruhen konntest du dich in diesen Jahren nicht, oder?«*

GERTI: »Nun, am Donnerstag war der Ruhetag im Hotel, aber da besuchte ich die Berufsschule von 8 bis 16 Uhr. Anschließend zurück ins Hotel, da hatte ich von 17 bis 22 Uhr Telefondienst, gänzlich ohne jegliche Pause. So verbrachte ich meinen freien Tag. Zum Dank gab es Speisereste und Wasser.«
MOSES: »Leibeigenschaft nannte man das früher.«
GERTI: »Ganz genau.«

MOSES: »In da Wachau hat dein zukünftiger Mo Werner Musi gmacht, gell?«
GERTI: »Ja, er is da Klavierspieler im Restaurant gwen. Hatter von 19 Uhr bis Mitternacht auf am Stutzflügel gspuit und da Wechselberger junior hat gesungen. Des warn für mi die scheenstn Momente vom Tag.«
Moses: »Und wega der Musi is dir da Werner aufgfoin?«
GERTI: »Scho. Des war Neinzehnzwoarasechzge. Sei Show mit de Musikerkollegen hat ma guad gfoin. I war zwar ned sei Typ, aber alle Leit ham eam empfohlen, dassa mi ehelicht, weil i aso fleißig und lustig war. Na is zur Hochzeit kemma. Am 21. Mai 1965. Drei Dag nach meim 18. Geburtstag.«
MOSES: »Was hast da eigentlich verdient?«
GERTI: »Haha, des is a guade Frag! An Fuchzger im Monat!«
MOSES: »Fünfzig Mark?«
GERTI: »Jetz pass auf, des is no ned ois. Weil vo de fuchzg Mark san dreissge eibhaltn worn, die hättns nach da Lehr auszoit, damit ma a Geld hat. Hams aber ned. Angeblich hätt i lauter Glasl kaputt gmacht. Da Werner hat des mim Rechtsanwalt Moser eitriem, der war ab und zu Gast im Hotel und hat entsetzt gsagt: Was? Der hat so kloane Portionen bei hohe Preise, des geht ned! Des Geld hol ma uns vo dene.«
MOSES: »Wia vui war des?«
GERTI: »Insgesamt 1 080 Mark, auszoit Ende 1964. Da hab i aber ned vui davo gseng.«
MOSES: »Wieso?«
GERTI: »An Hunderter hat der Rechtsanwalt gnumma und die restlichen 980 hamma am Werner an Kamelhaarmantel mit abnehmbaren Pelzkragen ozoit, den er si eibuit hat, und an Gas-Heizofen fürn Werner sei Junggsellnbudn hergnumma, damit ma ned friern ham miassn.«
MOSES: »Wie is des damals losganga mim Werner?«
GERTI: »Er hat mi gfragt, ob ma moi ausgeh, da war i scho sauber aufgregt. Na issa mit seim grauen Opel Kadett kemma und hat mi abghoit, mit a so am leicht gelb eigfärbtn Nyltest-

Hemd. Des warn so bügelfreie Hemdn, in dene ma leicht gschwitzt hat. Aber de warn seinerzeit da letzte Schrei. Da Werner war ja a unglaublicher Gentleman, hat ma d Tür aufghaltn und so, des war mir fast unangnehm. I hab des irgendwia ois ned woin, wollt halt a Gaudi macha und so, aber hab mi no überhaupts ned gfuit wiara Frau, eher wiara Lausbua. Und i war damals ja no Jungfrau. I hab scho a bisserl Angst ghabt, weil i ja goned aufklärt war, hab ja ned gwusst, was der überhaupts wui vo mir.«

Moses: »Hat er recht drängt?«

Gerti: »Naa, des is scho ganga. I war ja heilfroh, dass i eam kennaglernt hab, sonst warad i am End im Wachau-Bierstüberl in Großhadern hänga bliem ois Hausbedienung.«

Moses: »Oder Hausdepp.«

Gerti: »Quasi.«

Moses: *»In der Wachau, wo du deine Lehre machtest, musizierte dein zukünftiger Gatte Werner, nicht wahr?«*

Gerti: *»Richtig, er war der Pianist im Restaurant, spielte von 19 Uhr bis Mitternacht auf dem Stutzflügel, und Herr Wechselberger junior hat gesungen. Das waren für mich die schönsten Augenblicke des Tages.«*

Moses: *»Und der Werner ist dir aufgrund der Musik aufgefallen?«*

Gerti: *»Exakt. Das war 1962. Seine Show mit den anderen Musikanten gefiel mir ausgezeichnet. Allerdings war ich nicht sein Typ, aber alle Menschen empfahlen ihm, mich zu heiraten, weil ich so fleißig und lustig war. Dann kam es zur Eheschließung. Am 21. Mai 1965. Drei Tage nach meinem 18. Geburtstag.«*

Moses: *»Was hast du da eigentlich verdient?«*

Gerti: *»Haha, das ist eine gute Frage. Einen Fünfziger im Monat.«*

Moses: *»Fünfzig Mark?«*

Gerti: *»Lausch, die Geschichte geht noch weiter. Von den fünfzig Mark wurden dreißig einbehalten, die nach der Lehre hätten ausbezahlt werden sollen, damit man finanziell flüssig ist. Aber sie zahlten es nicht aus. Angeblich hätte ich viele Gläser zerbrochen. Der Werner hat es allerdings mit Herrn Rechtsanwalt Moser eingeklagt, der sich von Zeit zu Zeit als Gast im Hotel einquartierte und empört sagte: Wie? Dieser Wirt verlangt solch horrende Preise für derart kleine Portionen, das ist nicht drin! Dieses Geld holen wir uns von denen.«*

Moses: *»Wie viel war das?«*

Gerti: *»Insgesamt 1 080 Mark, ausbezahlt Ende 1964. Jedoch*

Gerti im Fasching 1961 mit einer Kollegin

habe ich nicht viel davon gesehen.«

Moses: *»Wieso?«*

Gerti: *»Hundert Mark hat der Rechtsanwalt gekostet und mit den restlichen 980 Mark bezahlten wir einen Kamelhaarmantel mit abnehmbarem Pelzkragen für Werner an, den hatte er sich sehnlichst gewünscht, plus einen Gas-Heizofen für Werners Junggesellenwohnung, damit wir nicht frieren mussten.«*

Moses: *»Wie hat denn das eigentlich angefangen mit dem Werner?«*

Gerti: *»Er fragte mich, ob ich mit ihm ausgehen wolle, was natürlich äußerst aufregend für mich war. Er holte mich mit seinem grauen Opel Kadett ab, er trug ein leicht gelb eingefärbtes Nyltest-Hemd, eine Art bügelfreies Herrenoberhemd, in dem man leicht ins Schwitzen geriet. Jedoch waren diese Textilien damals modisch on top. Werner war unfassbar galant, hielt mir die Tür auf und dergleichen, es war mir beinahe unangenehm. Ich wollte das alles eigentlich gar nicht, wollte Faxen machen und dergleichen, ich fühlte mich nie wie eine Frau, eher wie ein Lausebengel.*

Gerti nach ihrer Faschingstätigkeit droben im »Juchä«, gegen 23 Uhr

Ich war ja noch unberührt und hatte ganz schön Muffensausen, da man mich auch noch nicht aufgeklärt hatte und ich gar nicht wusste, was der gute Mann eigentlich von mir wollte.«
Moses: *»War er denn aufdringlich?«*
Gerti: *»Nein, das hielt sich in Grenzen. Andererseits war ich froh, ihn getroffen zu haben, sonst wäre ich zu guter Letzt noch als Stammbedienung im Wachau-Bierstübchen hängen geblieben.«*
Moses: *»Oder Idiot für alles.«*
Gerti: *»Sozusagen.«*

Moses: »Aber ab und zu bist doch aa nachts unterwegs gwesn, hast mir moi vazeit.«
Gerti: »Ja, des stimmt. D Fränzi, Schwester vom Wechselberger, ist oiwei ins Café Stadt Wien oder in Märzenkeller oder zum Kocherlball ganga. Da ham internationale Musikbands aufgspuit. Die hat mi ab und an mitgnumma, des war mir wurscht, Schlaf hin oder her. Woasst, in da Bayerstraß am Hauptbahnhof, zwischen Goethe- und Schillerstraß. Im

ersten Stock wars Cafe Stadt Wien und im Keller da Märzenkeller, da is da Steiner Peter und seine Klicke aufgetreten, aa Franzi Kinseher mit de Kuahglocka, da is abganga. Aa kloane Theaterstücke san aufgführt worn. Da ward kloane Gerti erst 15, hats mittanzt. Oans, hoibe zwoa hätts nach Fürstenried miassn, irgendoana hat mi mal mit seim VW hoamgfahrn, der wollt mi glaube im Mondschein verführen, des habi aber ned gspannt, und zum Glück is nix ganga.«

Moses: *»Von Zeit zu Zeit warst du ja auch nachts unterwegs, erzähltest du mir einst.«*

Gerti: *»Korrekt. Die Franziska, Schwester des Herrn Wechselberger, ist regelmäßig in das Café Stadt Wien, den Märzenkeller oder zum Kocherlball gegangen. Dort spielten internationale Musikbands. Sie nahm mich beizeiten mit, auf Schlaf legte ich damals keinen großen Wert. Das Café Stadt Wien befand sich in der Hauptbahnhof-Gegend, nahe Bayerstraße, zwischen Goethe- und Schillerstraße. Im ersten Stock war das Café und im Keller der Märzenkeller, dort traten Peter Steiner und seine Gefolgschaft auf, ebenso Franzi Kinseher mitsamt ihren Kuhglocken, da ging ganz schön die Post ab. Es wurden auch kleine Theaterstücke aufgeführt. Die kleine Gerti war ja erst 15 und tanzte schon fröhlich mit. Gegen eins, halb zwei Uhr morgens musste ich nach Fürstenried, irgendjemand hat mich mal mit seinem VW heimgefahren, er wollte mich vermutlich im Mondschein verführen, aber ich habe das gar nicht so richtig verstanden. Glücklicherweise ist nichts passiert.«*

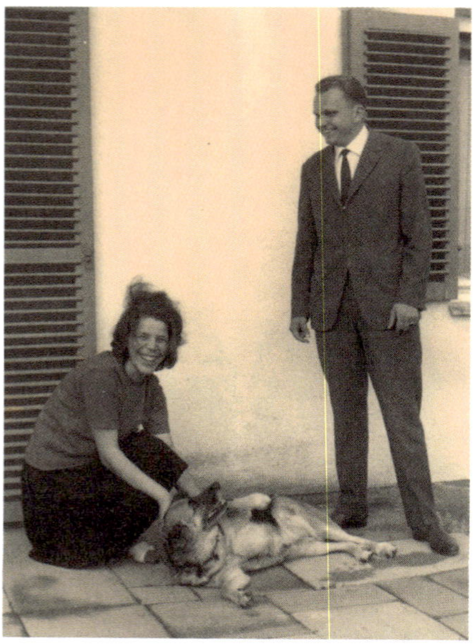

Mit Werner, 1964

Werner als Pianist 1966 in der Schwabinger Moserstuben

1964 bis 1972

Die Nachbarin von Gertis Eltern hat Gerti liebevoll »Trudchen« genannt und ihr nach manchen nächtlichen Eskapaden Unterschlupf gewährt und sie somit beschützt und gedeckt. Im August 1964 bekam sie ihren Gehilfen-Brief von der Industrie- und Handelskammer ausgehändigt. Von nun an ging es bergauf, sie bekam eine Anstellung als Kellnerin im Künstlerhaus, wurde allerdings bereits nach zwei Monaten wieder entlassen mit der Begründung, sie sei für den Spätdienst mit 17 Jahren noch zu jung.

Moses: »Da warst du scho mim Werner beinand, oder?«
Gerti: »Ja. Und weil mei zukinftiger Mo ois Musiker nur aufd Nacht arwan hat kenna, woit i des aa. Er hat oiwei bis um viere in da Fruah im Fischerstüberl gspuit.«

Moses: *»Damals warst du bereits mit dem Werner liiert, nicht wahr?«*
Gerti: *»Ja. Und weil mein zukünftiger Mann nur spät abends musizieren konnte, wollte ich das auch. Er spielte Klavier bis 4 Uhr früh im Fischerstüberl. Hat gesungen und gespielt.«*

Gerti: »Im November 1964 hab i dann an Job ois Bedienung in am gloana Wuid-Spezialitäten-Restaurant namens Halali in da Schönfeidstroß kriagt. Des is vo 19 bis 24 Uhr ganga. Da

Weihnachten, 1965

hats aa a Keglbahn gem, die Gscheftsleid und Angstellte vo da Staatskanzlei ogmiat ham.«

Gerti: *»Im November 1964 bekam ich einen Job als Bedienung einem kleinen Wild-Spezialitäten-Restaurant in der Schönfeldstraße, genannt Halali. Ich konnte dort von 19 bis 24 Uhr bedienen. Dort gab es auch eine Kegelbahn. Diese wurde von Geschäftsleuten und von den Angestellten der Staatskanzlei gemietet.«*

Moses: »Und wann bist ind Oper kemma?«
Gerti: »Des war September Neinasechzge.«
Moses: »Drei Monat nach meiner Geburt.«
Gerti: »Mei, bist du a junga Hupfa! Genau, oiso i war dann beim Feinkost Käfer im Nationaltheater. S Publikum war international, alle Altersgruppen und Prominente aus aller Welt. Des war a wunderscheene Zeit. Für drei Jahr. Danach is dick neiganga, weil da Werner schwer an Hepatitis A erkrankt is.«
Moses: »War das no vor der Eröffnung der Schoppenstubn?«
Gerti: »Ja, des war noch mehr als a Jahr davor. Woasst, der Werner is ja gebürtiger Schwab gwesn und hat si für sei Lem gern mit fette Würscht und Schnaps ernährt, a xunds Essn war für eam lebtags a Graus.«
Moses: »Und wo is die Hepatitis herkemma?«

Hochzeit, 1965

Gerti: »Kannt sei, dass des vo am Lagerfeier kemma is. Da hat er amoi in Kolbermoor mit Kollegen aufd Nacht musiziert und weils koa Holz ghabt ham, hams hoit Autoreifn verbrennt. Des hat er d ganze Nacht eigschnauft und na isser halt gelb oglafa. Wiara da ganz blass und schwach hoamkemma is, habi xagt, dassin ins Spital bring, aber er woit ned, weil er gmoant hat, dass ma da nimmer lebendig nauskimmt. Na hab i eam hoit jedn Dag in da Fruah vor meiner Arwat zum Dokter ind Maderbreistossn bracht, wo er sei Hepatitis-Spritzn kriagt hat. Am End hat er nur no zwoarafuchzg Kilo gwong. Des war a anstrengende und traurige Zeit. Damit a bisserl a Puiva neikimmt, hab i nach der Oper oiwei no im Dschin Dschin garwat.«
Moses: »Des war am Kosttor, da wo danns Mirage und späters Far Out warn. Des warn meine ersten Disko-Ausfliag mit vierzehn, fuchzehn.«
Gerti: »Warst halt aa a gspinnerte wuide Maus wia i.«
Moses: »Geh, mir san doch heit no wuid.«
Gerti: »Stimmt aa wieder.«
Moses: »Und wia is dann weiderganga?«
Gerti: »Da Werner hat, wiara wieder gsund gwesn is, in der Schoppenstum Klavier gspuit, die Bedingung vo de Wirte war, dass er si a Hammondorgel kaft und jeden Omd live spuit und singt. Oamoi warn de Chefs vo meim Mo bei uns und ham uns die Schoppenstum obon. Am 1. Januar 1973 hammers übernomma und i bin mit fünferzwanzge die jüngste Wirtin Münchens worn. Den Rest kennst.«

Moses: *»Und wann bist du in die Staatsoper gekommen?«*
Gerti: *»Das war im September 1969.«*
Moses: *»Drei Monate nach meiner Geburt.«*
Gerti: *»Heieiei, bist du ein junger Springinsfeld! Richtig, also ich kam dann zum Feinkost Käfer ins Nationaltheater, also der Staatsoper. Das Publikum war international, sämtliche Altersgruppen und Promis aus aller Welt. Das waren herrliche Zeiten. Für drei Jahre. Danach wurde es durchwachsen, da Werner schwer an Hepatitis A erkrankte.«*
Moses: *»War das noch vor Eröffnung der Schoppenstube?«*
Gerti: *»Ja, mehr als ein Jahr davor. Du weißt ja, dass der Werner gebürtiger Schwabe war und entsprechend gerne fette Würste und Schnaps verzehrte, gesunde Mahlzeiten waren ihm zeitlebens zuwider.«*
Moses: *»Und woher kam die Hepatitis-Erkrankung?«*
Gerti: *»Möglicherweise hatte er sich die am Lagerfeuer geholt,*

Pietra Ligure, 1966

Flitterwochen, 1966

als er mit Kollegen in Kolbermoor nächtens musizierte. Da das Holz ausgegangen war, verheizten sie Autoreifen. Diesen Rauch atmete der Werner die ganze Nacht ein, so lief er eben gelb an. Als er tags darauf ganz blass und schwach heimkam, wollte ich ihn ins Krankenhaus bringen, was er verweigerte, da er behauptete, dass man dort nicht mehr lebendig rauskomme. So habe ich ihn eben täglich morgens vor Antritt meiner Arbeit zum Arzt in die Maderbräustraße gebracht, wo er seine Hepatitis-Spritze bekam. Nach kurzer Zeit wog er nur noch 52 kg. Es war eine anstrengende und traurige Zeit. Um etwas dazuzuverdienen, arbeitete ich nach der Oper noch im Cincin.«

Moses: »Das befand sich am Kosttor, da wo dann die Clubs Mirage und später das Far Out beheimatet waren. Das waren meine ersten Discotheken-Ausflüge mit vierzehn, fünfzehn Jahren.«

GERTI: *»Du warst eben auch so eine verrückte wilde Maus wie ich.«*

MOSES: *»Komm, wir sind doch heute noch wild.«*

GERTI: *»Da hast du auch wieder recht.«*

MOSES: *»Wie ging es dann weiter?«*

GERTI: *»Der Werner hat, als er wieder gesund war, in der Schoppenstube Klavier gespielt, die Bedingung der Wirte war, dass er sich eine Hammondorgel kauft und jeden Abend live spielt und singt. Eines Tages waren seine Chefs bei uns und boten uns das Lokal an. Am 01.01.1973 haben wir es übernommen, und ich wurde mit 25 die jüngste Wirtin Münchens. Den Rest kennst du.«*

Gerti kochend, 1966

3. Kapitel

Werner Guhl, Musiker, Wirt und Schwerenöter

Werner Guhl wurde am 1. September 1936 in Stuttgart geboren. Ausgebombt mit seiner Mama durchlebte er schwierige Jahre nach Kriegsende, zumal sein Vater nicht besonders oft daheim war, weil er in Wirtshäusern musizierte oder sich heimlich mit anderen Frauen getroffen hat. In jungen Jahren folgte Werner dem Vorbild des Vaters, sowohl in musikalischer als auch in amouröser Hinsicht. Er spielte in vielen Münchner Bars und Restaurants und wurde rasch als virtuoser Unterhaltungskünstler gefeiert. In der Wachau begegnete er dem süßen und aufgeweckten Lehrlingsmädchen Gerti, mit der er sich wenig später verlobte.
1964 besuchte das junge Paar Otto Guhl, Werners Vater, als er in einem Wirtshaus mit Klavier, Akkordeon und Gesang musizierte. Otto machte viele Faxen und Spaß, sang Lieder, die Werner vereinzelt später in der Schoppenstube darbot:

Werner mit seinem Vater

Mein Papagei frisst keine harten Eier

Text: Hermann Frey

Mein Papagei frisst keine harten Eier,
Er ist ein selten dummes Vieh.
Er ist der schönste aller Papageier,
Nur harte Eier, die frisst er nie.
Er ist ganz wild nach Brustbonbons und Kuchen,
Er nimmt selbst Kaviar und auch Sellerie,
Auch saure Gurken sah ich ihn versuchen,
Nur harte Eier frisst er nie.

Mein Papagei frisst keine harten Eier,
Er ist ein selten dummes Vieh.
Er ist der schönste aller Papageier,
Nur harte Eier, die frisst er nie.
Er ist ganz wild nach Brustbonbons und Kuchen,
Er nimmt selbst Kaviar und auch Sellerie,
Auch saure Gurken sah ich ihn versuchen,
Nur harte Eier frisst er nie.

Lora! Lora! Hahahahahahahaha!
Lora! Lora! Nur harte Eier frisst er nie.

Kein Dackel konnte Werner je am Musizieren hindern

Werners erste Werbepostkarte, 1955

Außerdem natürlich sämtliche berühmten Weinlieder und Wiener Lieder von Hans Moser bis Paul Hörbiger. Vater Otto Guhl hatte schon in jungen Jahren bei der Stuttgarter Polizei musiziert, und Mutter Irmgard Guhl hat Schlagzeug in der Stuttgarter Kaserne der amerikanischen Besatzungssoldaten an der Stuttgarter Karlsbrücke gespielt – so war es Werner quasi in die Wiege gelegt worden, ebenfalls Musiker zu werden.
In den Jahren der Schoppenstube war Werner das musikalische Aushängeschild, Gerti das bewirtende. Doch Werners zahlreiche Affären mit Frauen sorgten über längere Zeit für Differenzen, aber Gerti hatte ein gutes Herz und verzieh ihm zum Ende seines Lebens all seine Eskapaden, um ihm die letzten Jahre schön und geborgen zu gestalten, was er ihr auch herzlich dankte.

Gerti: »Wann warst du eigentlich as erste Moi in der Schoppenstum?«
Moses: »Des war 1990, ois i mit meim liabm Freind und Kollegen Adrian Kurbjuhn nach a Theaterprobn no was tringa geh woit. Mir hatten alle zwo a gloane Tanz- und Sprechroin in ›Mein Kampf‹ von George Tabori am Resi, was aber derzeit renoviert worn is, drum hamma im Prinze probt und a d'Premiere ghabt. Normal warmer immer in der Kantine vom Prinze bei der wunderbaren Hermine, die oiwei am Spielautomatn ghanga is und für uns junge Schauspieler jedsmoi a bisserl weniger berechnet hat. Aber oamoi hammer länger prom miassn und dann wolltmer ins Tanzlokal Größenwahn in der Klenzestraß. Da wars aber total überfüllt, so sammer Richtung Isar umanandflaniert und ham überlegt, wo ma nei geh kenna. Auf oamoi samma vor der Schoppenstum gstandn. Hammer gsagt, des is sicher a so a Oma-Schuppn und san na ins Baader Café zur Meike ganga und ham an super Abend ghabt. Zur Premiere vo unserm Stickl san haufaweis Freind okündigt gwesn, oiso hamma d Meike gfragt, ob ma bei ihr reserviern kenna. Sie hat gsagt, grad an dem Dog war a Geburtstag und sie is scho ausreserviert. Zu später Stund samma naus und hamd letzte U-Bahn verpasst. I hab damals no im Westend gwohnt, da Adrian in Schwabing. So samma ind Schoppenstum nei. Da Werner hat grad Kriminaltango gspuit und an Gag gmacht, als er gsunga hat: ›Dann bestellt er zwei Manhattan‹ und glei drauf in die Runde seufzte: ›Ach, wenn wir die nur schon hätten!‹«
Gerti: »Den hat er jedsmoi gmacht, der is oiwei guat okemma.«
Moses: »An dem Omd hast du uns schräg gegenüber vom Eingang zu zwoa ganz liabe Madl highockt, di aber leider boid

SONNTAGS
IM NACHTCA

Werner Guhl mit Moses Wolff bei einem Auftritt im legendären Münchner Nachtcafé

Werner brachte seine Zuhörer regelmäßig zum glücklichen Träumen

ganga san. Aber mir san blim. Mir warn völlig hin und weg von der Atmosphär! Und san lang blim.«

Gerti: »Des woaß i no. Ihr wards ja sehr nette Burschn, habts glei a Gaudi gmacht und vom Theater vazeit.«

Moses: »Ja, mir ham aa gfragt, ob ma nach der Premier bei dir feiern kenna, des war dir aber goned a so recht, weil des a Freitag gwesn is und du hast gsagt, dass da aufd Nacht eh scho so voll is und mir liawa woanders feiern soin und späder zu eich kemma. Na hammer die Premierenfeier im griechischen Restaurant Samos gmacht und san anschließend no ind Schoppenstum.«

Gerti: »Bei eier Premier vo ›Die Mitschuldigen‹ im Theader in der Westermühl wars wieder aso, gell?«

Moses: »Ja, da hammers wieder a so gmacht. Erst Samos, dann Gerti und Werner.«

Gerti: *»Wann warst du eigentlich zum ersten Mal in der Schoppenstube?«*

Moses: *»Das war 1990, als ich mit meinem lieben Freund und*

Kollegen Adrian Kurbjuhn nach einer Theaterprobe etwas trinken gehen wollte. Wir hatten beide eine kleine Tanz- und Sprechrolle in ›Mein Kampf‹ von George Tabori am Residenztheater, was aber derzeit renoviert wurde, deshalb wurde im Prinzregententheater geprobt und gespielt. Wir waren üblicherweise in der Kantine des Prinzregententheaters bei der wunderbaren Kantinenwirtin Hermine, die gerne am Geldspielautomaten spielte und für uns junge Schauspieler immer etwas weniger berechnet hat. Doch einmal mussten wir länger proben, da war schon zu, und wir entschieden uns, ins Tanzlokal Größenwahn in der Klenzestraße zu gehen. Dort war es aber restlos überfüllt, so flanierten wir Richtung Isar und sind auf einmal vor der Schoppenstube gestanden. Wir hatten den Eindruck, es sei ein fader Oma-Laden und sind ins Baader Café zur Meike. Der Abend war super. Zur Premiere von ›Mein Kampf‹ hatten sich haufenweise Freunde angekündigt, so fragten wir Meike, ob wir nicht bei ihr reservieren könnten. Leider hatte sie gerade an diesem Tag eine Geburtstagsfeier und war komplett ausreserviert. Wir sind erst sehr spät aus dem Baader Café raus und haben die letzte U-Bahn versäumt. Ich wohnte damals noch im Westend und der Adrian in Schwabing. Was tun? Wir gingen in die Fraunhofer Schoppenstube. Werner spielte gerade Kriminaltango und machte ein Späßchen, als er nach der Zeile ›Dann bestellt er zwei Manhattan‹ in die Runde seufzte: ›Ach, wenn wir die nur schon hätten.‹ «

Gerti: *»Diesen Gag hat er regelmäßig gemacht, der kam immer ausgezeichnet an bei den Zuhörern.«*

Moses: *»An dem Abend hast du uns schräg gegenüber vom Eingang zu zwei hübschen Mädchen gesetzt, die aber leider bald heimgefahren sind. Aber wir sind geblieben. Wir waren völlig aus dem Häuschen wegen dieser großartigen Stimmung! Und blieben die halbe Nacht.«*

Gerti: *»Ich erinnere mich daran. Ihr wart ja sehr sympathische junge Herren, habt Späße gemacht und vom Theater erzählt.«*

Moses: *»Wir hatten dich auch gefragt, ob wir nach der Premiere bei dir feiern können, wovon du aber abrietst, da es ein Freitag gewesen ist, wo es ohnehin schon sehr voll wäre. So haben wir die Premierenfeier ins Samos gelegt und sind anschließend noch in der Schoppenstube eingekehrt.«*

Gerti: *»Bei eurer Premiere ›Der Mitschuldigen‹ im Theater in der Westermühle verhielt es sich wieder so, nicht wahr?«*

Moses: *»Stimmt, da machten wir es ebenso. Erst Samos, dann Gerti und Werner.«*

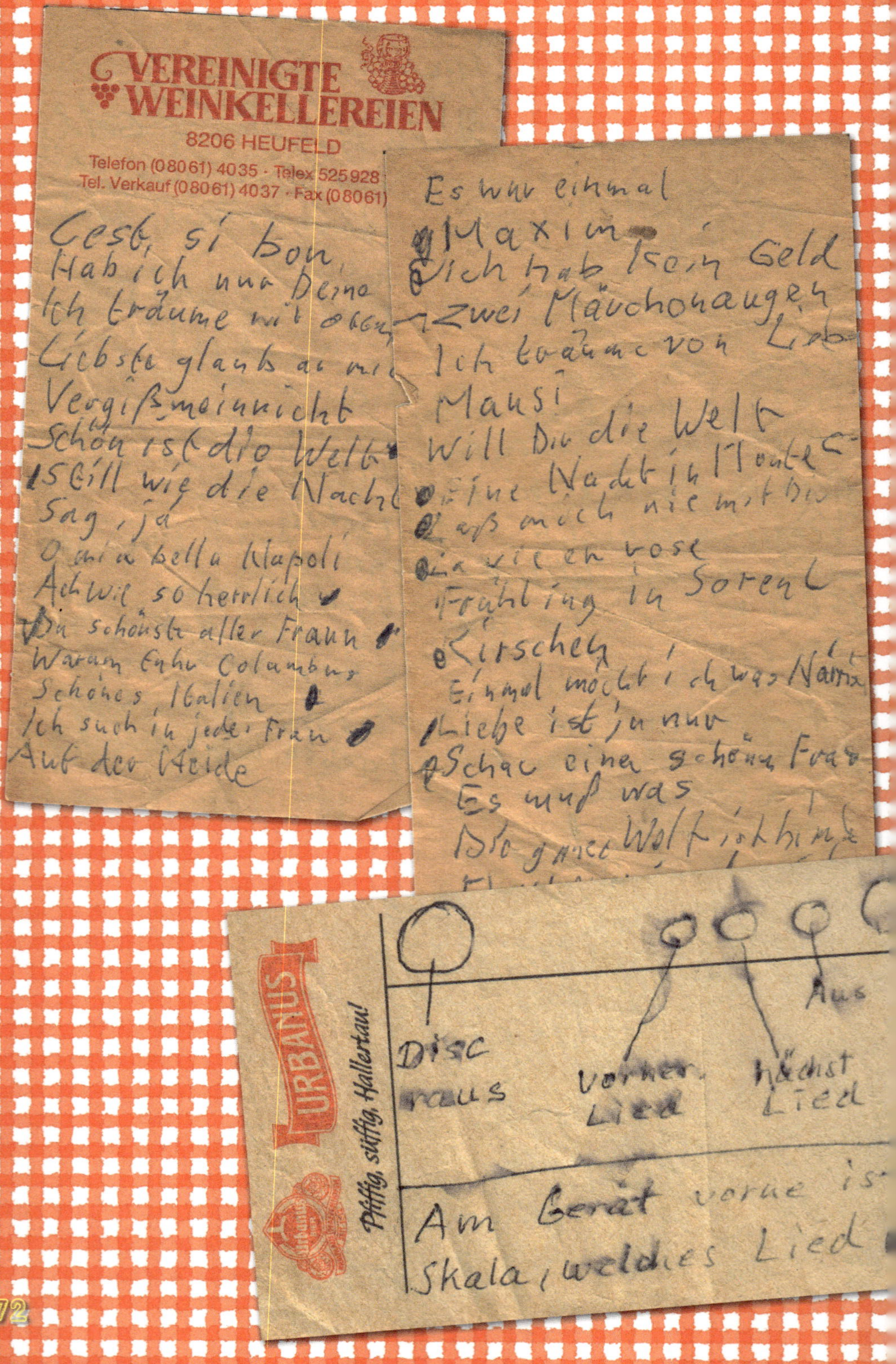

VEREINIGTE WEINKELLEREIEN
8206 HEUFELD
Telefon (08061) 4035 · Telex 525928
Tel. Verkauf (08061) 4037 · Fax (08061)

C'est si bon
Hab ich nur Deine
Ich träume mit offen
Liebste glaub an mich
Vergißmeinnicht
Schön ist die Welt
Still wie die Nacht
Sag ja
O mia bella Napoli
Ach wie so herrlich
Du schönste aller Frau'n
Warum fuhr Columbus
Schönes Italien
Ich such in jeder Frau
Auf der Heide

Es war einmal
Maxim
Ich hab kein Geld
Zwei Märchenaugen
Ich träume von Li
Mausi
Will Dir die Welt
Eine Nacht in Monte
Laß mich nie mit Dir
Wie ein Rose
Frühling in Sorent
Kirschen
Einmal möcht ich was Närrisches
Liebe ist ja nur
Schau einer schönen Frau
Es muß was
Die ganze Welt ist himmelblau

URBANUS
Pfiffig, süffig, Hallertau!

Disc raus
vorher Lied
nächst Lied
Aus
Am Gerät vorne ist Skala, welches Lied

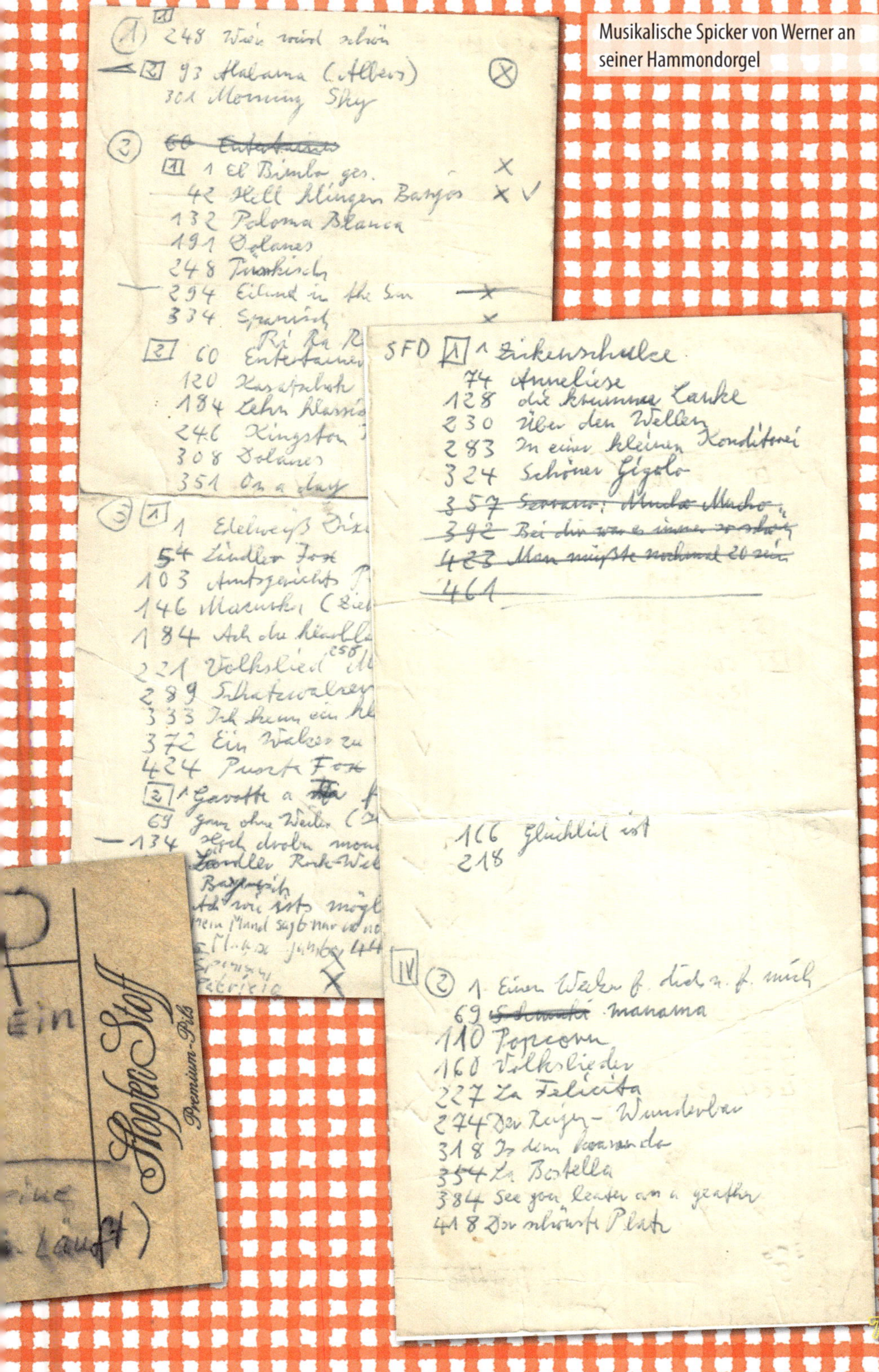

Musikalische Spicker von Werner an seiner Hammondorgel

Werner hatte ein eigenes Schnapsglas mit einem Deckel, der wie ein Helm geformt war. Daraus trank er seinen Schnaps, am liebsten, wenn ihn ein Gast spendierte. Aus seiner Jugend kannte er einige heitere schwäbische Lieder, mit denen er sich selbst gehörig aufs Korn nahm. Eines davon war »Ja bei ons wird gschafft«, ein Lied, in dem er sich und seine schwäbischen Landsleute auf sehr hübsche Art aufs Korn nahm.

Moses: »Was hat der Werner eigentlich gern gessen?«
Gerti: »Ois, was i in der Schoppenstum kocht hab. Sauerbraten mit Spätzle und Blaukraut. Vorher eiglegt. Außerdem Schupfnudeln aus Kartoffe, Sauerkraut, Greicherts Wammerl. Gern aa Fondue, Fleisch und Käsefondue. Oder schwäbische Maultaschen mit Kartoffelsalat und a Seeßle.«
Moses: »Des hat dem Werner als oida Schwab gschmeckt.«
Gerti: »Klaro. Ab und zu hat sei Muatta an Hefezopf bracht, dazua hamma dann an Kaffee serviert. Mei, was hats no ois in der Schoppenstum gem? Kompott aus Obst, Griaßbrei mit Obstsorten, Reisbrei aa. Mit Zimt und Zucka, zum Schluss a Stickerl Budda nei und frische Vanille- und Zimtstanga nei. Oder Zitronenscheim. Dann eigeweckte Kirschen und Dampfnudeln aus Hefeteig mit Vanillesoß. Dann a Kasfondü mit Weißbrot vom franzesischm Baguette, mit Kirschwassa flambiert, vorher mit Knoblauch eigriem. Hobi oiwei an Gruizer Kas griem. Aber des hab i ned oft gmacht, nur auf Bestellung oder halt fürn Werner.«
Moses: »I erinnerd mi aa an Pichelsteiner Eintopf bei eich.«
Gerti: »Jaaa! Logo! Pichelsteiner Eintopf mit dreierlei Fleisch: Kalb, Schwein und Rind. Mit vui Gmias, zum Schluss Kartoffin und dann, wenns Fleisch fast fertig is, kimmts Gmias mit nei, na entsteht a gloana Fleischsud, am Schluss frische Petersil.«
Moses: »Zu meim fünfundzwanzigsten Geburtstag gabs Böflamott.«
Gerti: »Ja, du hast eh jeds Jahr dein Geburtstag bei uns gfeiert. Böflamott, i woass scho no, des hast dir gwünscht. Kochts Rind mit Essig und Semmiknel. Nelken, Lorbeer. Und im Jahr drauf gabs ungarischs Gulasch mit siassa ungarischa frischa roter Paprika, vui Zwiefin, a Drittel mindestens, eigentlich Hoib hoib. Zwiawen miassn verkocht sei, geibe Riam neigriem, dass des bissl gschmackig werd des Ganze.«
Moses: »Super, mit Soizkartoffeln und Blattsalat.«
Gerti: »Des hab i aber nur für di gmacht, da Werner hats mit Spätzle meng.«

Werner und Gerti mit einem lieben Gast

Moses: »Weihnachten hats aa immer was guads bei eich gem, gell?«
Gerti: »Da hab i an gfüllten Truthahn gmacht, innen gwürzt mit Paprika, Speck Pfeffer, Soiz, Doag mit Semmiknel, Majoran und Ei. Bädasui nei, na war die Füllung komplett. Spinnst du, des hat a Zeitlang braucht, bis des Viech bron war.«

Moses: *»Was hat der Werner eigentlich gern gegessen?«*
Gerti: *»Alles, was ich in der Schoppenstube gekocht habe. Sauerbraten mit Spätzle und eingelegtem Rotkohl. Außerdem Schupfnudeln aus Kartoffeln, Sauerkraut mit geräuchertem Bauchfleisch. Gern auch Fondue, Fleisch- und Käsefondue. Oder schwäbische Maultaschen mit Kartoffelsalat und einem Sößchen.«*
Moses: *»Da hat dem Werner als altem Schwaben geschmeckt.«*
Gerti: *»Klaro. Ab und zu brachte seine Mutter Hefezopf mit, dazu wurde Kaffee serviert. Was hat es noch alles in der Schoppenstube gegeben? Kompott aus Obst, Grießbrei mit Obstsorten, Reisbrei ebenfalls. Mit Zimt und Zucker, zum Schluss ein Stück Butter hinein und frische Vanille- und Zimtstangen. Oder Zitronenscheiben. Dann eingeweckte Kirschen und Dampfnudeln aus Hefeteig mit Vanillesoße. Manchmal auch Käsefondue mit Weißbrot aus französischem Baguette, mit Kirschwasser flambiert, vorher mit Knoblauch eingerieben. Da hobelte ich vorher stets Greyerzer Käse. Doch das gab es nicht oft, nur auf Bestellung oder eben für den Werner.«*
Moses: *»Ich erinnere mich auch an Pichelsteiner Eintopf bei euch.«*

Die Wirtsleute Guhl mit Stammgast »Kini« Kurti, 2000

Gerti: *»Jaaa! Logo! Pichelsteiner Eintopf mit dreierlei Fleisch: Kalb, Schwein und Rind. Mit viel Gemüse, zum Schluss Kartoffeln und schließlich, wenn das Fleisch fast fertig ist, kommt das Gemüse hinein, dann entsteht ein kleiner Fleischsud, und zuletzt frische Petersilie.«*
Moses: *»Zu meinem fünfundzwanzigsten Geburtstag gab es Bœuf à la mode.«*
Gerti: *»Du hast sowieso jedes Jahr deinen Geburtstag bei uns gefeiert. Bœuf à la mode, ich weiß noch, das hattest du dir gewünscht. Gekochtes Rind mit Essig und Semmelknödeln. Nelken, Lorbeer. Und im Jahr drauf gab es ungarisches Gulasch mit süßer ungarischer frischer roter Paprika, viel Zwiebeln, mindestens ein Drittel, eigentlich halbe-halbe. Die Zwiebeln müssen verkocht sein, dann Karotten reingerieben, damit es einen kräftigen Geschmack ergibt.«*
Moses: *»Großartig, mit Salzkartoffeln und Blattsalat.«*
Gerti: *»Das habe ich aber nur für dich gemacht, Werner wollte das immer mit Spätzle.«*
Moses: *»Weihnachten gab es auch regelmäßig feine Speisen bei euch, oder?«*
Gerti: *»Da habe ich gern gefüllten Truthahn zubereitet, innen gewürzt mit Paprika, Speck, Pfeffer, Salz, den Teig mit Semmelknödel, Majoran und Ei. Petersilie hinzu, dann war die Füllung komplett. Herrje, das hat eine halbe Ewigkeit gedauert, bis der Kaventsmann fertig gebraten war.«*

Einmal kam ein betrunkener junger Mann vom Starkbierfest in die Schoppenstube und bat Werner leicht lallend, das Lied »Wenn ich mit meinem Dackel«

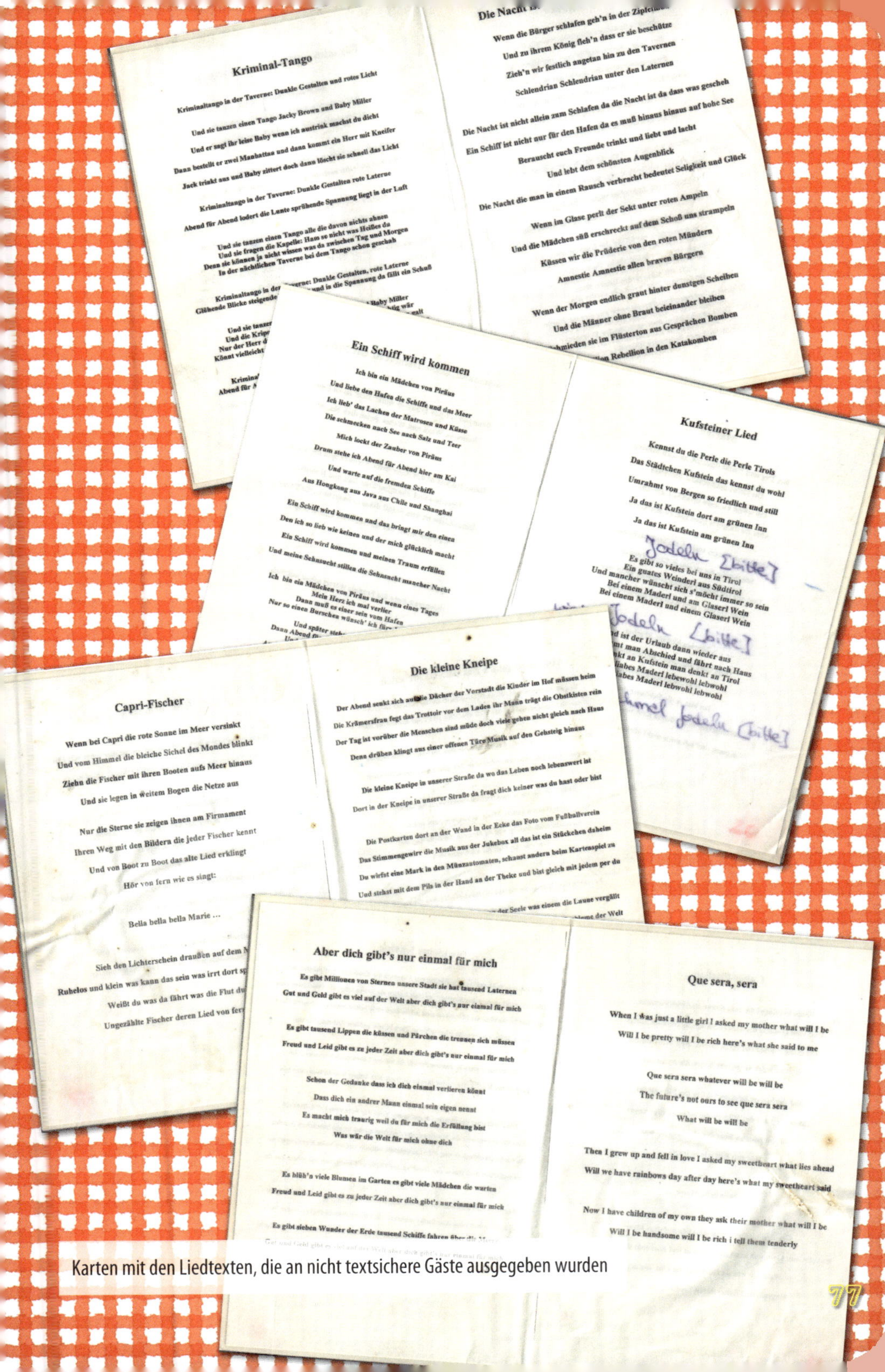

Karten mit den Liedtexten, die an nicht textsichere Gäste ausgegeben wurden

singen zu dürfen. Er konnte allerdings weder den Text auswendig noch verfügte er über großes Gesangstalent. So hat ihn Werner unterbrochen und sprach: »I sing. Sei still. Du muasch no übe.«

Moses: »Mei, woaßt du no, die oidn Weine?«
Gerti: »Freile, die hat ja außer dir koana xuffa.«
Moses: »Des war für mi die Offenbarung, lauter Weine aus die Siebzger, vui davo reine Zechweine, die si normal goned so lang hoitn.«
Gerti: »Der Keller vo da Schoppenstum war perfekt für Weinlagerung, da hat si a jeder Wein ewig ghoitn.«
Moses: »Innerhalb vo de über zwanzig Jahre in da Schoppenstum hab i die ganzn oidn Weine sämtlich ausdrunga.«
Gerti: »Ja, irgendwann hab i die gar koam andern mehr gem, die warn für di reserviert. I hab ja gwusst, wia gern du die drunga hast.«
Moses: »Und preiswert warns aa.«
Gerti: »Mir ham die Preise auf der Weinkartn ewig ned erhöht. Bier und Schnaps scho immer wieder a bisserl, aber die Flaschenweine ham oiwei an recht passablen Preis ghabt. Mir ham aa gschaugt, dass ma koa Abzockerei betreiben, die Preise waren für a Nachtlokal mit Live-Musik völlig im Rahmen. I woit nia was kassieren, des ma ned zuasteht, hab ja immer Künstler und Stammgäst mit weniger Kohle unterstützt, eana Sonderpreis gem. Mei Ziel war, s Publikum glücklich zum macha.«
Moses: »Wenn ich mal bisserl mehr Geld verdient hab, hab i mit dir verhandelt. Oamoi hatt i für an Monat a Flatrate für 200 DM, da konnt ich nach Herzenslust bstelln, was i woin hab. Der Werner fand des gar ned guad, weil er Angst ghabt hat, ich dad dann fürs doppelte Geld saufa. Aber du hast gsagt: Des ziang ma durch mit der Flatrate und aus.«
Gerti: »Er war halt a Schwab durch und durch. Wann hast du eigentlich mim Werner as erste Mal gsunga?«
Moses: »Des war glei am ersten Omd, da hamma ›Auf der Reeperbahn nachts um halb Eins‹ gsunga, weil i ko doch an Hans Albers recht guad nachmacha. Und beim zwoatn Besuch nach der Premiere im Prinze hab i an Werner gfragt, ob er ›Die Nacht ist nicht allein zum Schlafen da‹ kennt. Er hats no nia ghert, na habis eam vorgsunga und er hat mi auf da Quetschn begleitet. Beim nächsten Moi hat er scho die Notn beim Hieber kauft ghabt und ab dem Zeitpunkt hammas jeds Moi xunga.«

Gerti: »Des Liadl is ja dann aa des Aushängeschild vo da Schoppenstum worn.«
Moses: »Genau! Da bin i heit no so stolz, dass i des ins Lokal neibracht hab.«
Gerti: »Des derfst aa.«

Moses: *»Sind dir die alten Weine noch erinnerlich?«*
Gerti: *»Selbstverständlich, außer dir hat die ohnehin niemand getrunken.«*
Moses: *»Das war für mich der Traum meiner schlaflosen Nächte, haufenweise Weine aus den 1970er-Jahren, überwiegend reine Zechweine, die sich normalerweise gar nicht so lange halten würden.«*
Gerti: *»Der Weinkeller der Schoppenstube war perfekt geeignet für Weinlagerung, da hielt sich jeder Tropfen eine Ewigkeit.«*
Moses: *»In meiner weit über zwanzigjährigen Eigenschaft als Stammgast habe ich all die Weine komplett leer getrunken.«*
Gerti: *»Ab einem bestimmten Zeitpunkt habe ich diese Flaschen ohnehin niemandem mehr angeboten, die waren für dich reserviert. Mir war ja bekannt, wie sehr du sie zu schätzen wusstest.«*
Moses: *»Preisgünstig waren sie auch.«*
Gerti: *»Wir haben die Preise auf der Weinkarte lange Zeit nicht erhöht. Bier und Schnaps schon ein wenig, aber die Flaschenweine hatten grundsätzlich einen sehr annehmbaren Preis. Wir wollten auf keinen Fall Abzockerei betreiben, die Preise waren für ein*

2001: Zwei Stammgäste, die am gleichen Tag wie Gerti Geburtstag hatten (18. Mai) und mit ihr feierten

Nachtlokal mit Live-Musik völlig im Rahmen. Ich wollte niemals etwas einnehmen, das mir nicht zusteht, habe ja zusätzlich Künstler und weniger wohlhabende Stammgäste mit Sonderpreisen unterstützt. Mein Ziel war es, das Publikum glücklich zu machen.«

Moses: *»Wenn ich mal etwas mehr Geld verdient hatte, habe ich mit dir verhandelt. Einmal hatte ich für einen Monat eine Flatrate für 200 DM, da konnte ich nach Herzenslust bestellen, was ich wollte. Der Werner fand das gar nicht gut, weil er Angst hatte, ich würde dann für den doppelten Betrag trinken. Aber du hast gesagt: Das ziehen wir durch mit der Flatrate und aus.«*

Gerti: *»Er war halt eine Schwabe durch und durch. Wann hast du eigentlich das erste Mal mit dem Werner gesungen?«*

Moses: *»Gleich am ersten Abend, da sangen wir ›Auf der Reeperbahn nachts um halb Eins‹, weil ich doch den Hans Albers ganz gut imitieren kann. Und beim zweiten Besuch, nach unserer Premiere im Prinzregententheater, fragte ich Werner, ob er ›Die Nacht ist nicht allein zum Schlafen da‹ kennt. Er kannte es nicht, so sang ich es ihm vor, und er begleitete mich dabei auf dem Akkordeon. Beim nächsten Mal hatte er bereits die Noten beim Musikgeschäft Hieber am Dom gekauft. Fortan sangen wir es bei jedem meiner Besuche.«*

Gerti: *»Dieses Lied ist dann ja das Aushängeschild von der Schoppenstube geworden.«*

Moses: *»Genau! Ich bin heute noch so stolz, dass ich das ins Lokal hineingebracht habe.«*

Gerti: *»Zu Recht.«*

Gut gelaunter Stammgast mit dem fröhlichen Moses Wolff

Die Nacht ist nicht allein zum Schlafen da

Text: Otto Ernst Hesse

Wenn die Bürger schlafen geh'n
in der Zipfelmütze,
und zu ihrem König fleh'n
dass er sie beschütze,
zieh'n wir festlich angetan
hin zu den Tavernen.
Schlendrian, Schlendrian,
unter den Laternen.

Die Nacht ist nicht allein zum Schlafen da
die Nacht ist da, dass was geschieht
Ein Schiff ist nicht nur für den Hafen da
es muss hinaus, hinaus auf hohe See
Berauscht euch Freunde, trinkt und liebt und lacht
und lebt dem schönsten Augenblick
Die Nacht die man in einem Rausch verbracht
bedeutet Seligkeit und Glück

Wenn im Glase perlt der Sekt
unter roten Ampeln,
und die Mädchen süß erschreckt
auf dem Schoß uns strampeln,
küssen wir die Prüderie
von den roten Mündern.
Amnestie, Amnestie
allen braven Sündern!

Die Nacht ist nicht allein zum Schlafen da
die Nacht ist da, dass was geschieht
Ein Schiff ist nicht nur für den Hafen da
es muss hinaus, hinaus auf hohe See
Berauscht euch Freunde, trinkt und liebt und lacht
und lebt dem schönsten Augenblick
Die Nacht die man in einem Rausch verbracht
bedeutet Seligkeit und Glück

Wenn der Morgen endlich graut
durch die dunst'gen Scheiben,
und die Männer ohne Braut beieinander bleiben,
schmieden sie im Flüsterton
aus Gesprächen Bomben.
Rebellion, Rebellion
in den Katakomben!

Die Nacht ist nicht allein zum Schlafen da
die Nacht ist da, dass was geschieht
Ein Schiff ist nicht nur für den Hafen da
es muss hinaus, hinaus auf hohe See
Berauscht euch Freunde, trinkt und liebt und lacht
und lebt dem schönsten Augenblick
Die Nacht die man in einem Rausch verbracht
bedeutet Seligkeit und Glück

Es waren sehr fidele Jahre mit viel Gesang, Lebensfreude und geistigen Getränken. Anfang des Jahrtausends erkrankte Werner, die Ärzte erklärten ihm: »Entweder Sie geben Ihren ungesunden Lebenswandel mit Schweinefleisch, Schnaps und viel Kaffee auf und leben noch 20 Jahre – oder sie machen so weiter und leben noch ein Jahr.«
Werner antwortete: »Eh i koin Leberkäs mehr essen und koan Schnaps mehr trinken kann, leb ich halt nur noch ein Jahr.«
Er setzte seinen Vorsatz in die Tat um und lebte ungesund und genussreich weiter, erkrankte von 2006 bis 2007 für 13 Monate schwer, hatte insgesamt elf Operationen, ein fürchterlicher Leidensweg. Gerti besuchte ihn, sooft es ging und schmiss im Anschluss Abend für Abend das Lokal. Das war eine Zeit voller Strapazen, sie musste Mitarbeiter beschäftigen, außerdem riefen die Gäste nach Musik, da sie es ja bisher auch so gewöhnt waren. So fragte Gerti überall herum, ob nicht vielleicht jemand gegen ein kleines Honorar Akkordeon, Gitarre oder sogar Orgel spielen könne. Zum Glück war fast jeden Abend ein begabter Mensch anwesend, und Gerti konnte Flair und Atmosphäre dieses Kult-Lokals aufrechterhalten.

Auf der Reeperbahn nachts um halb Eins

Text: Ralph Arthur Roberts

Silbern klingt und springt die Heuer
Heut' speel ick dat feine Oos
Heute da ist mir nichts zu teuer
Morgen geht ja die Reise los

Langsam bummel ich ganz alleine
Die Reeperbahn nach der Freiheit rauf
Treff ich eine blonde, recht feine
Die gabel ich mir auf
Komm doch, liebe Kleine, sei die meine, sag nicht nein
Du sollst bis morgen früh um neune meine kleine, liebste sein
Ist es dir recht, na dann bleib ich dir treu sogar bis um zehn
Hak mich unter, wir wollen zusammen mal bummeln gehen

Auf der Reeperbahn nachts um halb eins
Ob du'n Mädel hast oder ob keins
Amüsierst du dich
Denn das findet sich
Auf der Reeperbahn nachts um halb eins
Wer noch niemals in lauschiger Nacht
Einen Reeperbahnbummel gemacht
Ist ein armer Wicht
Denn er kennt dich nicht
Mein Sankt Pauli, Sankt Pauli bei Nacht

Kehr ich heim im nächsten Jahre
Braungebrannt wie so'n Hottentott
Hast du deine blonden Haare
Schwarz gefärbt, vielleicht auch rot
Grüßt dich dann mal ein fremder Jung
Und du gehst vorüber und kennst ihn nicht
Kommt dir vielleicht die Erinnerung wieder
Wenn leis er zu dir spricht

Komm doch, liebe Kleine, sei die meine, sag nicht nein
Du sollst bis morgen früh um neune meine Kleine, liebste sein
Ist es dir recht, na dann bleib ich dir treu sogar bis um zehn
Hak mich unter, wir wollen zusammen mal bummeln gehen
Auf der Reeperbahn nachts um halb eins
Ob du'n Mädel hast oder ob keins
Amüsierst du dich
Denn das findet sich
Auf der Reeperbahn nachts um halb eins
Wer noch niemals in lauschiger Nacht
Einen Reeperbahnbummel gemacht
Das ist 'n armer Wicht
Denn der kennt dich nicht
Mein Sankt Pauli, Sankt Pauli bei Nacht

Travestiestar Johnny bei einem Auftritt in der Schoppenstube, 2011

Conny und Egon traten regelmäßig in der Schoppenstube auf

Unter den Künstlern sprach sich diese Entwicklung rasch herum, und bald kamen unaufgefordert großartige Musiker, um ihre Darbietung anzubieten, was für Gerti ein Segen war. Es musizierten Tobias »Tob« Mayer, Conny und Egon (die im Übrigen unseren Nachtschwärmern jahrelang musikalische Freude bereiteten und immer neues Liedgut herbeibrachten), Titus Waldenfels mit diversen Musikkollegen, Randy mit dem hohen C, Anton und Mike aus dem Bayerischen Wald, Thomas und Toni auf dem Knopfakkordeon, Maxi Schafroth und Markus Schalk, Andi Bittl, Amelie (Liesl Weapon), die Schicksalscombo, die Stiagnhausratschn, Johannes Faber, Hermann Breuer, Carolyn Breuer, Peter Tuscher, Herman Brei, Titus Waldenfels, D Zipfeziaga, Klaus an der Orgel, nahezu das gesamte Ensemble des Gärtnerplatztheaters, sowohl Jazzer als auch klassische Musiker, diverse Musiker nach ihren Auftritten im Fraunhofer, der Staatsoper, nach dem Singspiel auf dem Nockherberg und im Gasteig, in den diversen Münchner Kleinkunstbühnen, nach Sendungen im BR und für münchen.tv. Auch Kabarettisten gaben kleine Einlagen zur Unterhaltung der Schoppenstuben-Gäste, beispielsweise hat der Ritschi Oehmann mit dem Seppi ohne Ankündigung aus der Kiste raus in der Schoppenstube ein kleines Kaschperl-Stück gespielt, aber auch Josef Pretterer bot Teile seines Programmes dar, Michi Sailer las kurze selbst geschriebene Theaterstücke vor, und der Verfasser dieser Zeilen, Moses Wolff, gab eine Sonderlesung aus seinem Oktoberfest-Handbuch.

Werners früher Spruch: »Wenn man einmal im Krankenhaus ist, kommt man lebend nicht mehr heraus«, sollte sich auf traurige Weise bewahrheiten. Er ist am 7. März 2007 gestorben. Mein Nachruf hing bis zur Schließung der Schoppenstube über seiner Hammondorgel:

NACHRUF

Vor 17 Jahren waren wir auf der Suche nach einem Lokal für eine Premierenfeier. Da schlug mein Freund und Kollege Adrian vor: »Lass uns doch mal in dieses abgefahrene Weinlokal reinschauen.« Was uns dann widerfuhr, sollte den Rest unseres gesamten Handelns und weiteren Daseins schlagartig beeinflussen. Damals noch mäßig besucht war die Fraunhofer Schoppenstube bereits grandios: Werner, der immer gut gelaunte und umwerfend musikalische Wirt, der so großartig Akkordeon und Orgel spielt, Gerti, die wundervollste Wirtin aller Zeiten, die schon auch mal Gästen den Mund verbietet, wenn sie bei musikalischen Darbietungen stören, nebenher noch den besten Schweinsbraten und die köstlichsten Fleischpflanzerl zubereitet, dazu herrliche Weine aus längst vergangenen Zeiten zu absolut erschwinglichen Preisen serviert. Wir waren wie besessen und liefen jeden freien Abend rein und blieben so gut wie immer bis zuletzt, oft zwitscherten schon die Vögel. Und mit wem wir da alles am Tisch saßen: Piloten, Schauspieler, Heldentenöre vor und nach der Orchesterprobe, Soldaten, Pazifisten, Taxifahrer, Gospelsänger, Inder, Teetrinker, Biertrinker, Ausgewanderte, Königstreue, Buchhalter, Anarchisten, Staatsfeinde, Veganer, Schriftsteller, Zeichner, Bekloppte, Betrunkene, Nüchterne, Schlipsträger, Schlagzeuger, leichte Mädchen, schwere Jungs, Matronen, Matrosen, Weicheier, Kleine, Große, Alte, Junge, Schöne, Arge, Wüste, Wilde und Wollüstige.

Im Lauf der Jahre hatten wir die alten Weine überwiegend ausgetrunken, die Besucherzahlen waren ins Unüberschaubare nach oben geschossen, und immer war man willkommen bei den Wirtsleuten, die im Übrigen viele Jahre tatsächlich und anschließend noch einige Zeit nur auf dem Papier verheiratet waren, sich schließlich scheiden ließen, kurzzeitig andere Partner hatten, sich aber schließlich wieder ineinander verliebten und vor ein paar Jahren erneut den Bund der Ehe eingingen.

Dann wurde Werner schwer krank, erholte sich aber dank des Holzes, aus dem er geschnitzt war, relativ rasch und war nun vor die Wahl gestellt: 1. nicht mehr das tun und lassen können, was ihm gefällt und was er liebt, dafür die Chance auf noch einige Jahre Lebenszeit haben oder 2. drauf pfeifen und saufen und schlemmen und feiern und nächtelang im verrauchten Wirtsraum stehen und mit Gästen scherzen und alle fünfe grade sein lassen. Er entschied sich für Variante zwei.

Lieber Werner,

jetzt bist Du nach Hause gegangen. Wir werden Dich in unseren Herzen behalten und bei unseren Feiern und Gelagen Deiner gedenken und auf Dich anstoßen! Du warst einer der ganz Großen. Vielen Dank für so viele wundervolle durchzechte Nächte voller Spaß, Musik, Rausch, Harmonie, Unbeschwertheit und Stimmung! Schlendrian, Schlendrian unter den Laternen! Amen.

In dankbarer Erinnerung
Werner Guhl
Musiker
* 1. September 1936
† 7. März 2007
Glücklich ist, wer vergisst,
was doch nicht zu ändern ist . . .
Trink mit mir ! Sing mit mir !
TrauerHilfe DENK
Paolo Soprani

4. Kapitel

Zwischenmenschliches

Moses: »Du hast in der Schoppenstum aa vui Pärchen mitnand verkuppelt, gell?«
Gerti: »Logo! Randy und Susanne oder Charlottchen und Hassan hab i zambracht, wia vui andre aa. Und dir, Moses, hab i aa die eine oder andere Dame zugschanzt, indem is einfach zu dir an Tisch gsetzt hab. I hab halt scho oiwei a guads Gspür ghabt, wer zampassn kannt. Des war ja aa koa Problem, an Kuppeleiparagrafn hats nimmer gem.«
Moses: »Was is denn a Kuppeleiparagraf?«
Gerti: »Des war friara a Gsetz. Du hast bstraft wern kenna, wennst Unzucht vermittelt oder befördert hast. Na hams di ins Zuchthaus bracht.«
Moses: »Da hab i ja Massl gehabt.«
Gerti: »Des derfst aber glaum! Naa, aber im Ernst, ganz tolle Freundschaften und Ehen san in der Schoppenstum entstanden.«
Moses: »Kinder auch?«
Gerti: »Geh weida, so was doch ned!«

Moses: *»Du hast in der Schoppenstube auch so manches Pärchen verkuppelt, nicht wahr?«*
Gerti: *»Selbstverständlich! Charlottchen und Hassan brachte ich zueinander, so wie viele weitere ebenfalls. Und dir, Moses, habe ich auch die eine oder andere Dame zugeschanzt, indem ich sie einfach zu dir an den Tisch mit dazusetzte. Ich hatte vermutlich schon seit jeher ein untrügliches Fingerspitzengefühl gehabt, welche Menschen zueinanderpassen könnten. Das war auch juristisch einwandfrei, schließlich war ja der Kuppeleiparagraf abgeschafft worden.«*
Moses: *»Was ist denn ein Kuppeleiparagraf?«*
Gerti: *»Hierbei handelte es sich früher um einen Paragrafen im Strafgesetzbuch. Man konnte ins Gefängnis kommen, wenn man Unzucht vermittelte oder förderte.«*
Moses: *»Da habe ich ja noch mal Glück gehabt.«*
Gerti: *»In der Tat! Aber, Scherz beiseite, es sind wirklich ganz tolle Freundschaften und Ehen in der Schoppenstube entstanden.«*
Moses: *»Kinder auch?«*
Gerti: *»Wo denkst du hin!«*

Anfang der 1980er-Jahre waren Gerti und Werner in Kockberg bei St. Jakob Skifahren und haben gesehen, dass die Rodelbahnen noch geöffnet und beleuchtet waren. Es war an einem Dienstag, dem Ruhetag in der Schoppenstube. Da sie in der Nacht zum Dienstag bis 5 Uhr gearbeitet hatten, waren sie sehr müde, fuhren heim und gleich am nächsten Morgen noch mal hin, weil sie beide große Lust auf Rodeln bekommen hatten. In der Pension Haus Kockberg bei Fieberbrunn mieteten sie sich unten im Keller günstige Zimmer, die waren sehr einfach, mit schlichter Dusche, was aber völlig ausreichend war, denn es war ja jeweils immer nur für eine Nacht, eben von Dienstag auf Mittwoch. Nachts, wenn sie spät nach dem Rodeln hungrig und durstig ins Hotel kamen, durften sie in die Speisekammer und haben aufgeschrieben, was sie getrunken und gegessen haben. Es gab ein schönes Schneeloch auf 850 Meter Höhe, bei St. Jakob im Pillerseetal. In Fieberbrunn gab es ein Schwimmbad, wo man von außen durch ein großes Glasfenster hineinschauen konnte. Das Ehepaar Guhl liebte diese Ausflüge und Werner war geradezu vernarrt in den Rodelsport.

Gerti: »Wenn an Werner a Thema interessiert hat, na issa da drin aufganga. Mir war des teilweise wurscht, soll er halt rodln, wanns eam daugt. Aber dadurch isser halt immer öfter aus der Schoppenstum wegblim. Und d Musi war halt scho a wichtiger Bestandteil vom Konzept. Aber wenn der Werner ned da war, hab i hoid oft koan Mo an meiner Seitn ghabt, der mi unterstützt.«
Moses: »Da hast die Besoffenen dann selber rausschmeißen müssen.«
Gerti: »Des hab i aber aa gmacht, wenn der Werner da war. Wenn si oana anständig aufgführt hat, aber oan zvui drunga ghabt hat, hab i eam halt highockt und eam a groß Leitungswasser bracht, manchmal aa Vitamin-Brausetablettn. Aber wenns aggressiv worn wan oder aufdringlich, hab is nausgschmissn.«
Moses: »I woass no, oamoi hat a befreindeta Musiker a bisserl überd Sträng gschlagen. Du hast eam hoamgschickt. Ich hab eam drei Dag späder troffa und er hat gwuislt, dass i a guats Wort für eam bei da Gerti eileng soi, damit er wieder ind Schoppenstum geh ko.«
Gerti: »Haha, ja, er is ja dann a wieder kemma. I war ja nia nachtragend. Da gabs aa lustige Momente. Zum Beispui wia da Johannes Faber mim Hermann Breuer an Spontanauftritt higlegt hat, da Hermann hat damals no Posaune gspuit. A bisserl oan sitzn hat er ghabt, aber ganz liab wara und lustig. Aber sei Mundstück is obegfoin, des hat er erst ned gspannt. Na wolltens ofanga zum musiziern, sag i zum Hermann: Du kannst fei ned spuin. Er is daschrocka, hat gmoant, was woass i. Na hat er gfragt: Wieso ned?, hab i gantwort: Weilst die Mundstück ned hast.«

Stepptänzer Kurti, Jazzmusiker Johannes Faber und Ehepaar Guhl beim Schabernacktreiben

MOSES: »Des war aa dei Stärkn, dassd immer ois überblickt und di umd Leit kümmert hast.«

GERTI: »Mei, wia oft hat jemand Hut, Schirm, Geldbeutel, Rucksack, etc. liegen lassen! I war ja manchmal froh, wenn Schirme, die a Ewigkeit in der Schoppenstum gleng san, abghoit worn san. Nach Aufbewahrung vo fünf Jahr hab i Schirme weiderverschenkt.«

MOSES: »Du warst scho aa irgendwia d Muatta vo da Kompanie.«

GERTI: »I hab des doch für mei Lem gern gmacht. Welche Frau in meinem Alter darf denn Nacht für Nacht mit so vielen gut aussehenden jungen Männern verbringa?«

GERTI: *»Wenn Werner an einer Thematik interessiert war, ist er total darin aufgegangen. Das hat mich nicht behelligt, sollte er doch rodeln, wenn es ihm beliebt. Aber dadurch ist er halt immer häufiger aus dem Lokal fortgeblieben. Und die Musik war ja ein wichtiger Teil des Gesamtkonzeptes. Und wenn er nicht da war, hatte ich manchmal eben keinen Mann an meiner Seite, der mich unterstützt.«*

Moses: »Du musstest die Betrunkenen selbst des Lokals verweisen.«
Gerti: »Dies tat ich auch stets in Werners Anwesenheit. Kam jemand berauscht an, benahm sich aber ordentlich, setzte ich die Person hin und brachte ein großes Leitungswasser, teilweise mit Vitamin-Brausetabletten angereichert. Nur Menschen, die aggressiv wurden oder zudringlich, forderte ich zum Heimgehen auf.«
Moses: »Einmal hat ein befreundeter Musiker etwas über die Stränge geschlagen. Du hast ihn heimgeschickt. Ich traf ihn drei Tage später und er bat mich kleinlaut, bei der Gerti ein gutes Wort für ihn einzulegen, damit er wieder in die Schoppenstube gehen kann.«
Gerti: »Haha, ja, er durfte dann ja auch wiederkommen. Ich war ja nie nachtragend. Da gabs auch lustige Momente. Zum Beispiel hat der Johannes Faber mit dem Hermann Breuer einen Spontanauftritt hingelegt, als der Hermann noch Posaune spielte. Einen kleinen Schwips hatte er schon, war aber ganz lieb und lustig. Nur sein Mundstück war auf den Boden gefallen, das hatte er nicht bemerkt. Als sie anfangen wollten zu musizieren, sagte ich zum Hermann: Du kannst aber nicht spielen. Er ist erschrocken und dachte sich wer weiß was das jetzt bedeutet. So fragte er: Warum denn nicht? Und bekam meine Antwort: Weil du kein Mundstück hast.«
Moses: »Das war auch deine Stärke, dass du immer alles überblickt und dich um die Menschen gekümmert hast.«
Gerti: »Herrjemine, wie oft hat jemand Hut, Schirm, Geldbeutel, Rucksack, etc. liegen lassen! Ich war ja manchmal froh, wenn Schirme, die eine Ewigkeit in der Schoppenstube lagen, abgeholt wurden. Nach Aufbewahrung von fünf Jahren habe ich die Schirme dann weiterverschenkt.«
Moses: »Du warst schon auch irgendwie die Mutter der Kompanie.«
Gerti: »Ich habe das doch für meinen Lebtag gern gemacht. Welche Frau in meinem Alter darf denn Nacht für Nacht mit so vielen gut aussehenden jungen Männern verbringen?«

Gerti hat 1993 und 1994, als sie von Werner getrennt und kurzzeitig mit ihrem neuen Freund Walter liiert war, am Wochenende tagsüber im Planegger Heide-Volm gearbeitet, und manchmal zu festlichen Anlässen. Denn Walter war dort als Kellner angestellt, und sie ging ihm als Assistentin zur Hand. Ehrenamtlich und unentgeltlich.

Gerti: »Moanst du, dass i an 13 Joh jüngern Mo ernähr? Hobi xagt: du ernährst di scho selber und i helf mit. Woasst, da Woita hat beim Vatter Schulden ghabt, hat i hab xagt, i übernimm gern Lehrmädchen-Aufgaben. Na habi bedient, ghoifa, Gschirr weggramt, Bestellung aufgnumma und eam xagt, was er boniern soi. Oanahoib Joh hab i des gmacht. Einfach ghoifa, ned lang gfragt.«
Moses: »Wia is des kemma?«
Gerti: »I war amoi als sei Begleitung da, da is zuaganga wiezau. Guad, hab i mir des halt a Zeitlang ogschaugt und xeng, dass ganz schee schwimma grad. Na bin i hi und habs Essn mit umanadtrong. Des hat dena scho gfoin. So hab i wieder neue Stammgäst für mei Lokal gwunna. A Teil vo de Kellner ausm Heide-Volm hat in der Gegend vo da Schoppenstum gwohnt, die ham gwusst, de Gerdi hat bis drei, vier auf. Nach der Wiesn sans um zwölfe aufd Nacht no vorbeikemma und ham mir des Geld mitbracht, was i im Heide-Volm verdient hätt. I hab mi ja ned ogmeit, sondern bloß meim Boyfriend ghoifa und die andern Mitarbeiter aa. Damals hats ja no des ganze Aschenbechergraffi gem. Und in der Schoppenstum hams xseng, wer i wirkli bin.«
Moses: »I hab aa erlebt, dass du dir den Kummer vo vui Leid hast ohern miassn.«
Gerti: »Jeder hat seine Sorgen, manchmal hab i gsagt: ihr habtsas tagsüber, i aufd Nacht. Jetz wünsch i eich no schene lockere Stunden, den negativen Schmarrn kennts späder dahoam selber macha. Hier is Entspannung und Gaudi ogsagt.«

Gerti: *»Glaubst du, ich ernähre einen 13 Jahre jüngeren Mann? Ich sagte: du verdienst dir dein Geld alleine, ich kann aber gerne mithelfen. Denn der Walter hatte Schulden bei seinem Vater, da schlug ich vor, Lehrmädchen-Aufgaben zu übernehmen. So half ich bedienen, Geschirr abräumen, Bestellungen aufnehmen und sagte ihm lediglich, was er bonieren soll. Anderthalb Jahre machte ich das. Einfach geholfen, nicht lange gefragt.«*
Moses: *»Wie kam das zustande?«*
Gerti: *»Nun, ich begleitete ihn mal zu seinem Arbeitsplatz, da war mächtig viel los. Ich sah mir das eine Zeitlang an und bemerkte, dass die Kellner ganz schön ins Schwimmen geraten sind. So half ich ein wenig, das Essen zu servieren, was bei den Mitarbeitern gut ankam. So habe ich wieder neue Stammgäste für mein Lokal gewonnen. Ein Teil der Belegschaft des Heide-Volm*

wohnte in der Gegend der Schoppenstube, die wussten, die Gerti hat bis drei, vier Uhr morgens geöffnet. Nach einem Oktoberfestbesuch kamen sie um Mitternacht und brachten mir das Geld, dass ich im Heide-Volm verdient hätte. Ich hatte mich ja nicht angemeldet, sondern bin nur meinem Lebensabschnittsgefährten und dessen Kollegen zur Hand gegangen. Damals gab es ja noch dieses ganze Aschenbecher-Gelumpe. Und in der Schoppenstube haben sie dann gesehen, wer ich tatsächlich bin.«

MOSES: *»Ich habe auch erlebt, dass du dir den Kummer der Menschen anhören musstest.«*

GERTI: *»Jeder hat seine Sorgen, manchmal sagte ich: ihr habt die Probleme während des Tages, ich in der Nacht. Jetz wünsche ich euch noch schöne lockere Stunden, die negative Energie könnt ihr später daheim entfalten. Hier ist Ruhe und Freude angesagt.«*

Gerti hat die Gäste alle geliebt und war von Herzen Gastronomin und ist sehr sozial eingestellt. Bis zum heutigen Tag engagiert sie sich als Vorstand für den »Spielraum« und den Sozialverband am Ostbahnhof in der Zirbelstube. Jahrelang betreute sie ehrenamtlich Grundschülerinnen und -schüler der Schererschule.

Schüler der Musikschule Germering, 2009

Die Gäste in der Fraunhofer Schoppenstube

Die Kabarettistin ***Amelie Magdeburg*** alias ***Liesl Weapon*** war gern privat in der Schoppenstube, musizierte regelmäßig unter Begleitung des Schauspielers ***Andreas Bittl***, gab Gstanzl und Evergreens zum Besten und war bei den Gästen höchst beliebt. Überhaupt waren einige Stars aus der Kabarettszene regelmäßig nach ihren Vorstellungen im Lokal. ***Andreas Giebel*** kannte fast alle Lieder, die Gertis Gatte Werner Guhl zum Akkordeon darbot, auswendig und bereicherte viele stimmungsvolle Abende mit seiner Anwesenheit. ***Helmut Schleich*** traf sich gern mit guten Freunden zu später Stunde bei Gerti, weil er die gemütliche Wohnzimmeratmosphäre schätzte und wusste, dass Menschen, die ihn erkannten, eher zurückhaltend waren und seine Privatsphäre respektierten. War dies mal nicht der Fall, sorgte Gerti mit einem klärenden Wort für einen harmonischen Verlauf des Abends. ***Sigi Zimmerschied*** saß am liebsten in der rechten hinteren Nische und freute sich über die wunderbaren kulinarischen Sensationen, die Gerti servierte.

Einmal kam ***Philipp Sonntag*** in Begleitung von ***Marianne Sägebrecht*** und ***Moses Wolff*** gegen 21 Uhr in die Schoppenstube. Sie fanden ein schönes Plätzchen direkt neben dem Schankbereich. An jenem Abend wurde es ziemlich voll, und so platzierte Gerti noch den großherzigen Taxifahrer ***Herbert***, der bei starkem Betrieb an der Bar der Schoppenstube aushalf, und zwei junge Burschen aus Niedersachsen an den Tisch von Philipp, Marianne und Moses. Es wurde eine fröhliche Runde. Irgendwann kam das Gespräch auf Bier, und die jungen Männer verkündeten, sie hätten gehört, dass das Bier in Bayern wesentlich schwächer sei als in ihrer Heimat im Norden der Republik. Moses und Philipp gaben ihnen erheitert recht, ja, bestärkten sie sogar noch in ihrem Glauben. Marianne amüsierte sich sehr über diese Situation, war allerdings recht müde und verabschiedete sich früh. Danach ging der kleine Ulk weiter, Moses philosophierte über den Umstand, dass

man deshalb in Bayern den Frühschoppen so begeistert pflege, da das Bier ja bekanntlich kaum Alkohol enthalte und man daher schon tagsüber größere Mengen zu sich nehmen könne. Plötzlich war Herbert für längere Zeit verschwunden, keiner wusste, wo er hingegangen war. Als er zurückkam, stellte er vier Flaschen Aventinus Eisbock auf den Tisch, eine Weißbierspezialität aus dem Hause Schneider. Er war heimlich mit seinem eigenen Taxi ins Weiße Bräuhaus gefahren und hatte die Flaschen gekauft, wissend, dass dieses Bier einen Alkoholgehalt von 12 % und dadurch eine mächtig berauschende Wirkung hat. Rasch waren Gläser besorgt und die norddeutschen Besucher terminierten die starken Getränke. Jeder zwei Flaschen. Danach hatten sie gewaltig einen sitzen und waren sehr erstaunt, wie heftig das doch so leichte bayerische Bier auf sie wirkte.

Im Jahr 1981 wartete ***Barbara Valentin*** auf ihren guten Freund ***Freddie Mercury***, der gerade noch mit seinem Sekretär ***Peter Freestone*** im Sebastianseck zu Abend aß. Zufällig kam ***Elisabeth Volkmann*** herein, um nach einer Theatervorstellung einen kleinen Absacker zu trinken. Die beiden Damen amüsierten sich köstlich und begannen, sich gegenseitig zu schminken. Lippenstift, Kajal, Eyeliner, Wimperntusche, Puder, Aufhellung – unter lautem Gegacker und zur herrlichen Unterhaltung der Umsitzenden wurden maskenbildnerische Geheimnisse in die Praxis umgesetzt. Als Freddie und Peter, der von vertrauten Personen »Phoebe« genannt wurde, in die Schoppenstube kamen, war bereits das ganze Lokal in Höchststimmung aufgrund der beiden lustigen Frauen und ihren Schmink-Künsten, und das Eintreffen des Queen-Sängers sorgte für spontanen Applaus. Als die Herren Platz genommen hatten, sagte Freddie schmunzelnd: »*Well, I always thought I knew all the secrets of showbiz. Until I met Barbara and she taught me the ultimative perfection of it.*« (»Ich dachte immer, ich kenne alle Geheimnisse der Unterhaltungsbranche. Bis zu dem Tag, als ich Barbara kennenlernte und sie mir deren Königsdisziplin beibrachte.«)

Als der Film »Werner – Beinhart!« in München Premiere feierte, kam das gesamte Comiczeichnerteam um ***Brösel Rötger Feldmann*** vorbei. Sie hinterließen Dutzende fröhliche Zeichnungen im Gästebuch und machten kräftig Umsatz.

Im Jahre 2003 fiel die Salvatorprobe auf dem Nockherberg wegen des Irakkriegs aus, und damit auch das traditionelle Derblecken und das Singspiel. So kam das halbe Ensemble in die Schoppenstube, wo es trotz der angespannten Weltlage heiter und fröhlich zuging. Im Jahr darauf war dann der neue »Bruder Barnabas« ***Bruno Jonas*** mit seinen Kollegen nach der Salvatorprobe und seiner sehr gelungenen Rede in der Fraunhofer Schoppenstube.

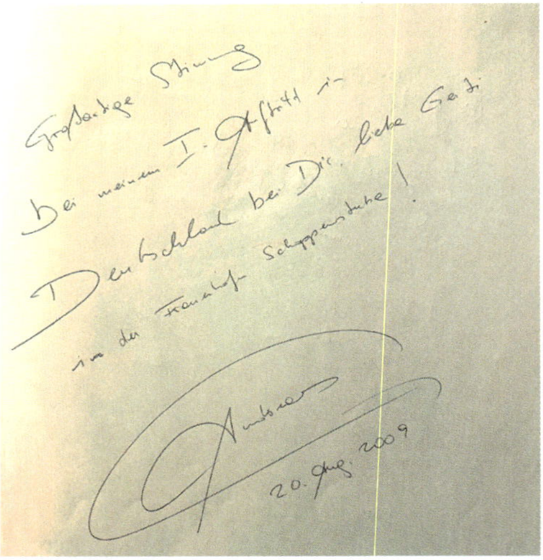

Gästebucheintrag von Andreas Gabalier zu seinem ersten Auftritt in Deutschland

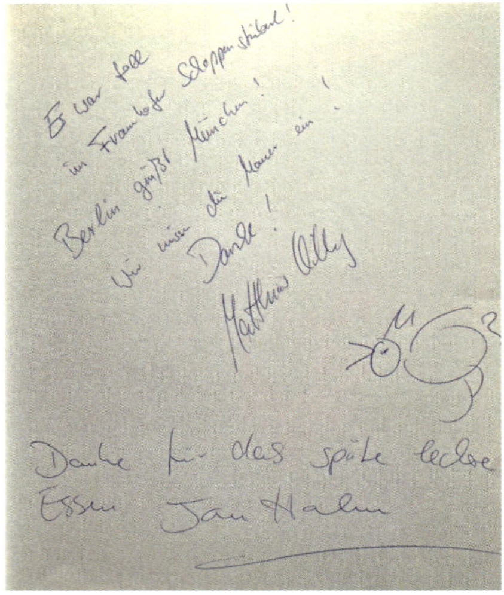

Gästebucheintrag der TV-Moderatoren Matthias Killing und Jan Hahn

Die Münchner Jazzlegenden ***Peter Tuscher, Hermann Breuer*** und dessen Tochter ***Carolyn Breuer*** kehrten häufig und gern bei Gerti und Werner ein. Einmal gestattete Werner dem genialen Hermann Breuer, sich an die heilige Hammondorgel zu setzen, ein Privileg, dass nur sehr wenigen Menschen zuteilwurde. Dann holte Peter Tuscher die Trompete raus und Carolyn Breuer ihr Saxofon. Von dem Genuss dieses exklusiven Jazzkonzerts mit drei absoluten Größen schwärmen die damals anwesenden Gäste noch heute mit leuchtenden Augen.

Im Jahr 2007 rief ein Produzent der Firma Electrola bei Gerti an und fragte, ob Gerti in der Jury für die Auswahl junger österreichischer Newcomer mit dabei sein möchte und ob man die Schoppenstube für diese Veranstaltung anmieten könne. Gerti sagte zu, so fand das Ereignis am Ruhetag Dienstag statt. Insgesamt standen sieben Talente zur Auswahl. Gerti stimmte für einen jungen Herrn, der durch ihre Stimme den Plattenvertrag bekam. Sein Name: ***Andreas Gabalier.*** So ebnete Gerti den Weg zu seiner Karriere. Einige Tage später kam Gabalier privat in die Schoppenstube und gab vor fünf Gästen sein allererstes Konzert.

Der Kabarettist ***Arnd Schimkat*** war häufig zu Gast und entspannte sich bei einer kleinen Mahlzeit und einem guten Glas Wein. In der Schoppenstube kam ihm die Idee für seinen Song »Ich hab halt einfach nur geschaut« aus dem ersten Programm seiner berühmten Bühnenfigur »Arthur Senkrecht«.

Der langjährige Stammgast ***Carsten*** sang gerne das Lied »Der Überzieher« von Otto Reutter. Es war allerdings nicht nur ein Lied, sondern quasi eine kleine Theaterinszenierung, in der Carsten durch das ganze Lokal schwebte und mit allerlei Requisiten für gute Laune sorgte:

Der Überzieher

Text: Otto Reutter

Kennen sie denn die Geschichte
Von dem Überzieher schon?
Den sich kaufte der Herr Fichte
Bei der Firma Stern & Sohn?
Dieser Paletot war'n Prachtstück
Und der Preis war gar nicht stark
Neunundvierzig Mark und achtzig
Nicht mal ganz de fünfzig Mark
Der Herr Stern sprach: "Sein se froh
'S ist mein schönster Paletot"

"Geb'n se acht auf die Pracht
Wird gestohl'n bei Tag und Nacht
Sind se mal im Lokal
Häng' se'n vor sich auf im Saal
Schau'n se'n dann immer an
Bleibt der Überzieher dran
Seh'n se weg von dem Fleck
Ist der Überzieher weg"

Fichte ging ins Wirtshaus
Leider dort war'n Zettel angebracht
"'S gibt kein' Raum für Überkleider
Jeder Gast geb' selber acht"
Einen Haken fand Herr Fichte
Hinten nur, 's war ärgerlich
Darum dreht er sein Gesichte
Hängt den Mantel hinter sich
Und nun saß er wie gebannt
Schaute immer nach der Wand

Ist er weg? Ist er hier?
Ja, da hängt der Überzieh'r
Ist er hier? Ist er weg?
Nein, er hängt noch auf dem Fleck!
Schau ich hier, hinter mir
Hab' ich meinen Überzieh'r
Seh' ich weg, von dem Fleck
Ist der Überzieher weg

Fichte rief nun: "Kellner, Essen"
Der bracht's Essen ihm und ging
Nun hat Fichte nie vergessen
Dass der Mantel hinten hing
Denn ihm schien, das war gefährlich
Als ob alle Gäste juckt
Schauten gierig und begehrlich
Nur nach seinem Überzieh'r
Darum kam's, dass als er aß
Er den Mantel nicht vergaß

Essen hier, da das Bier
Und da hängt der Überzieh'r
Oben kau'n, hier verdau'n
Und dabei nach hinten schau'n
Schau ich hier, hinter mir
Schmeckt kein Essen und kein Bier
Seh' ich weg, von dem Fleck
Ist der Überzieher weg"

Nun mag sein, durch die Bewegung
Durch das Drehen bei Soupée
Kam sein Corpus in Erregung
Und er kriegte Magenweh
"Gut", dacht' er, "das geht vorüber"
Wollt' zu der bewussten Tür
Die ihm gerade gegenüber
"Halt", denkt er, "der Überzieh'r"
Setzt sich wieder hin, ganz sacht
Und hat kummervoll gedacht

Wenn zur Tür ich marschier'
Nimmt man mir den Überzieh'r
In der Eck', im Versteck
Geh'n die Magenschmerzen weg
Bleib ich hier, im Revier
Bleib'n die Magenschmerzen mir
Geh' ich weg, von dem Fleck
Ist der Überzieher weg

So dacht' Fichte und blieb sitzen
Aber schließlich musst' er raus
Plötzlich sprach er: "Das wird nützen
Trittst jetzt mit dem Mantel aus
Brauchst ihn ja nicht anzuziehen
Das erschüttert dich zu sehr
Nimmst ihn über'n Arm bei Ziehen
Und kommst nachher wieder her"
Er stand auf und setzt sich hin
Alles fuhr ihm durch den Sinn

Essen, Bier, krieg' ich hier
Hab' noch nicht bezahlt dafür
Magenschmerz drückt mein Herz
Und der Kellner anderwärts
Wart' ich prompt, bis er kommt
Weiß ich nicht, ob mir das frommt
Geh' ich weg, von dem Fleck
Ist der Überzieher weg

Nehm' ich mir'n Überzieh'r
Über'n Arm, schaut man nach mir
Denn der Raum, der mein Traum
Ist zwei Schritt' vom Ausgang kaum
Steh ich auf und ich lauf'
Mit dem Rock, hält man mich auf:

"Nicht vom Fleck, der will keck
Mit 'nem Überzieher weg"
Alles schwirrt, kracht und klirrt
Bis der Wirt gerufen wird
Schließlich irrt auch der Wirt
Schimpft mit mir und wird verwirrt
'S kommt'n Gast und der fasst
Meinen Mantel voller Hast
Und ruft keck: "Dieser Geck
Nahm mir'n Überzieher weg"
Will ich dann zu dem ran
Kommt der Kellner hinten an
"Bleib'n se hier, nicht zur Tür
Zahl'n se erst de Zeche mir"
Bis ich zahl' voller Qual
Ist der raus aus dem Lokal
Ich hab'n Fleck ohne Zweck
Und den Überzieher weg
Bis ich näh'r das erklär
Dazu drängt die Zeit zu sehr
Das Malheur kommt vorher
Ich hab' den Gang nicht nötig mehr
Zieh' ich, ach, gibt's nen Krach
Da hilft gar kein "Weh" und "Ach"
Ich hab'n Schreck und 'n Dreck
Und den Überzieher weg

Gästebucheintrag »Gerti rocks«

Gästebuch-Fan-Art

Der Jazzmusiker ***Johannes Faber*** kam stets nach seinen Proben fürs Gärtnerplatztheater in die Schoppenstube. Dienstags hatte er immer Konzert. Perfekt für Gerti und Werner, denn das war der Ruhetag, da konnten sie ihren freien Abend nutzen und ihre geliebte Jazzmusik dort live genießen. Die Zuschauer waren überwiegend jungen Alters, zum Applaus wurde häufig auch mit den Füßen getrampelt.

Die beiden Mitglieder des ***Orchester Bürger Kreitmeier***, ***Norbert Bürger*** (Bürger from the Hell) und ***Conny Kreitmeier***, liebten durchfeierte Nächte in der Schoppenstube und brachten regelmäßig Freunde mit, um mit ihnen zu feiern. Eines Abends gebaren sie die Idee einer Rock 'n' Roll-Tour mit einem Tour-Bus, einem sogenannten »Night Liner« quer durch Dörfer in Franken und der Oberpfalz. Die Pläne wurden in jener Nacht zum Gesang von Werner und einigen Bocksbeuteln der Marke Nordheimer Vögelein geschmiedet, die Tour kam dann kurz danach mit den Stargästen ***Matt Devereux*** aus Kanada und der legendären Vorgruppe ***Beck's Bier Boys*** zustande.

Eines Abends ging die Tür auf, und ***Dieter Hallervorden*** spazierte ins Lokal. »Er war ein sehr angenehmer Gast«, erinnert sich Gerti. »Gar ned so aufdraht wia im Fernsehen, eher ruhig und vor allem SEHR charmant.«

Ein sehr wichtiger Stammgast war der ***Kurti (König Ludwig)***. Er wohnte in einem Männerheim an der Paulskirche. Sein Markenzeichen: eine weißblaue Bayernfahne und König-Ludwig-Kostüm. Er steppte, spielte rhythmisch mit altbayerischen Holzlöffeln und sang »Oana hat immer des Bummerl«. Ein

Werner interpretiert den »Kriminaltango« mit Johannes Faber

sehr charmanter Mann, höflich zu Frauen, Herr der alten Schule. Kurti hat bei einem Griechen gearbeitet in der Edlinger Straße, da waren Werner und Gerti manchmal beim Essen. Im September 2013 ist er hochbetagt gestorben. Bei seiner Beerdigung am Ostfriedhof wurde sein Lieblingslied »Oana hat immer des Bummerl« gespielt. Durch bislang ungeklärte Umstände waren mehr Menschen beim Leichenschmaus als auf der Beerdigung.

Schon kurz nachdem Gerti und Werner das Lokal eröffnet hatten, kam ***Rainer Werner Fassbinder*** mit seiner Clique, unter ihnen ***Walter Sedlmayr***, regelmäßig vorbei. »Mei, hat der verzottelt ausgschaugt«, sagt Gerti über den exzentrischen Regisseur. »Die warn ständig da, oft nach oder vorm Drahn, na hams oiwei an rechtn Hunger ghabt. Und der Fassbinder hat gern warm gessn und drunga. Suppe, Gulasch, Bier, Wein, Rindsrouladen, Spaghetti und so. Manchmal, wenn er gar verstrubbelt und mit am auftranga Gwand daherkemma is, habi ean hochgnumma und gfragt: Hams eana heit wieder recht rausputzt, Herr Regisseur?« (»Meine Güte, dieser Mann hat ganz schön zerzaust ausgesehen. Die waren sehr oft da, nach oder vor

Gerti in einer Pracht voller Blüten

2002 drehte Peter Goedel einen Film über die Schoppenstube. »Die Nacht ist nicht allein zum Schlafen da« lief im Arena-Kino. Peter Goedel (links neben Gerti Guhl und Tontechniker Zoltan Ravasz) produzierte mit der Dokumentation eine wunderschöne Liebeserklärung an die Fraunhofer Schoppenstube.

Die Alternative zu Schampus und Sushi

Film-Premieren-Party im Fraunhofer Schoppenstüberl

„Die Nacht ist nicht allein zum Schlafen da…" – sondern außer zum Singen auch noch zum Arbeiten. Doch nach der Arbeit kommt bekanntlich das Vergnügen und nach der Premiere ihrer Dokumentation „Nachtschicht" (deutsche Reihe, noch einmal zu sehen am Samstag im Maxx-Kino am Isartor) luden **Alexander Riedel** und **Bettina Timm**, Riedels Freundin und Produzentin sowie gleichfalls Filmemacherin (für „Die Ohrenmeisterin" erhielt sie im letzten Herbst den „Starter-Preis der Stadt München) konsequenterweise zur Feier ins „Fraunhofer Schoppenstüberl".

Wer das Traditionslokal in der Fraunhoferstraße nicht kennt, sollte wissen, dass hier ebenfalls eine Nachtschicht praktiziert wird. Wirtin **Gerti** öffnet immer erst nach zehn Uhr abends, dann wird bis zum nächsten Morgen serviert.

„Der Film ist wunderbar gelaufen", freute sich Riedel darüber, dass der größte Saal des Maxx-Kinos ausverkauft war – nicht unbedingt zu erwarten bei einer Dokumentation.

Szenenapplaus gab es schon während der Vorführung, durchwegs gute Stimmen danach. Im vollbesetzten Schoppenstüberl überreichte Wirtin Gerti dem Filmemacher, der auch in ihrem Lokal gedreht hat, dann als Premierengeschenk noch einen Teller ihrer über die Stadt hinaus berühmten Fleischpflanzerl sowie ein paar Lieder als Zugabe: Bei „Criminal Tango" gingen dann sogar die Lichter aus, doch nur, um gleich wieder zu leuchten – bis im Morgengrauen, als die Filmfest-Nachtschicht dann auch für diesen Tag vorbei war.

■ **Rüdiger Suchsland**

Wirtin Gerti (re.) mit den Darstellern Willi Randelshofer (sitzend) und Gerst Günl. Fotos: Bernd Lindenthaler

Donnerstag, 4. Juli 2002

Autor Alexander Riedel (mit Bettina Timm) hat im Schoppenstüberl gedreht.

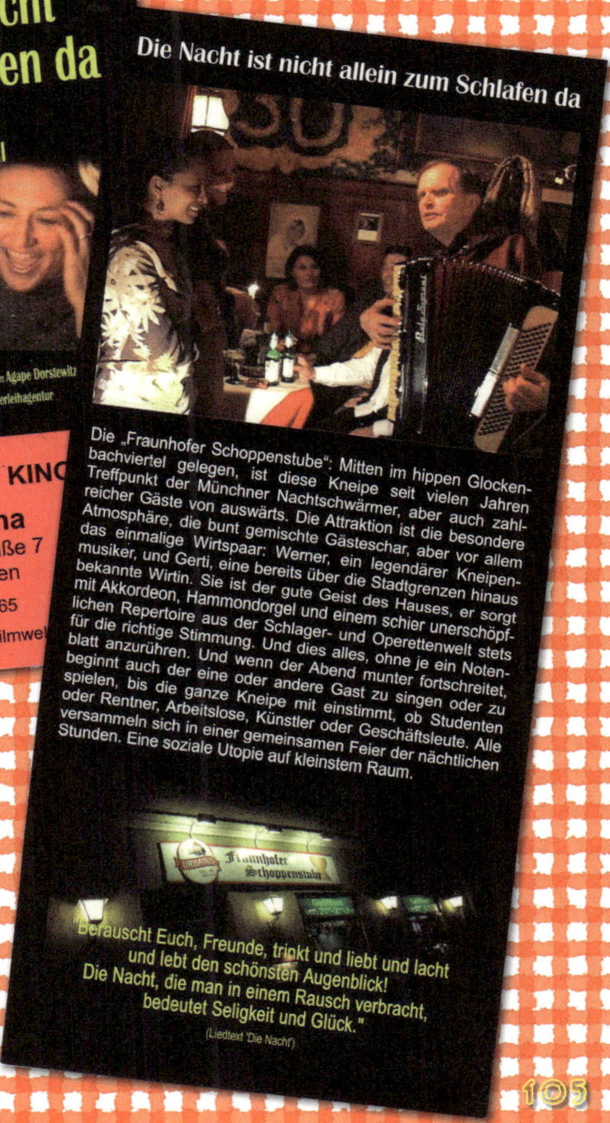

Die Nacht ist nicht allein zum Schlafen da

Die „Fraunhofer Schoppenstube“: Mitten im hippen Glockenbachviertel gelegen, ist diese Kneipe seit vielen Jahren Treffpunkt der Münchner Nachtschwärmer, aber auch zahlreicher Gäste von auswärts. Die Attraktion ist die besondere Atmosphäre, die bunt gemischte Gästeschar, aber vor allem das einmalige Wirtspaar: Werner, ein legendärer Kneipenmusiker, und Gerti, eine bereits über die Stadtgrenzen hinaus bekannte Wirtin. Sie ist der gute Geist des Hauses, er sorgt mit Akkordeon, Hammondorgel und einem schier unerschöpflichen Repertoire aus der Schlager- und Operettenwelt stets für die richtige Stimmung. Und dies alles, ohne je ein Notenblatt anzurühren. Und wenn der Abend munter fortschreitet, beginnt auch der eine oder andere Gast zu singen oder zu spielen, bis die ganze Kneipe mit einstimmt, ob Studenten oder Rentner, Arbeitslose, Künstler oder Geschäftsleute. Alle versammeln sich in einer gemeinsamen Feier der nächtlichen Stunden. Eine soziale Utopie auf kleinstem Raum.

"Berauscht Euch, Freunde, trinkt und liebt und lacht
und lebt den schönsten Augenblick!
Die Nacht, die man in einem Rausch verbracht,
bedeutet Seligkeit und Glück."

(Liedtext 'Die Nacht')

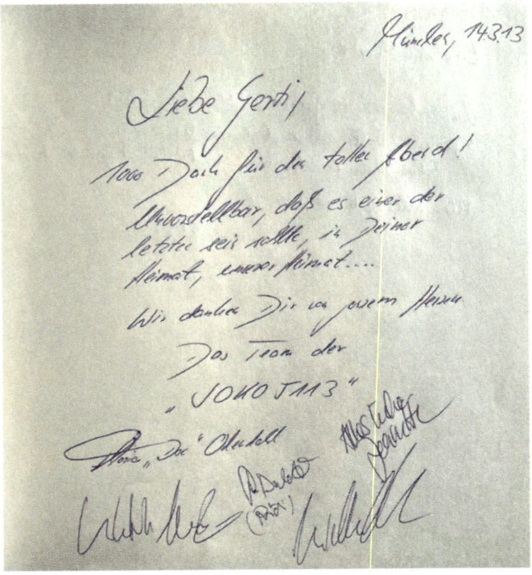

Gästebucheintrag der Crew von »SoKo 5113«

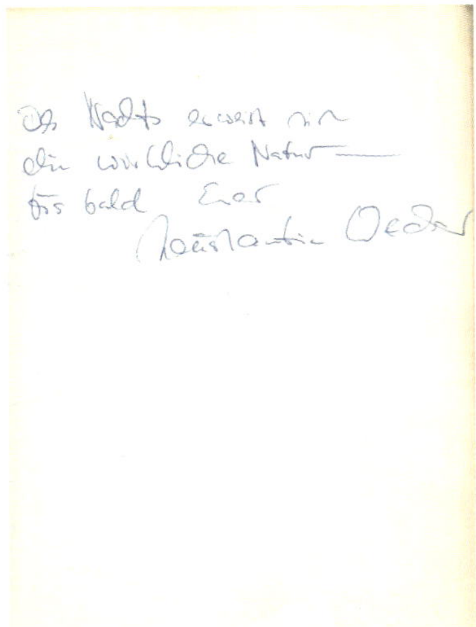

Gästebucheintrag von Konstantin Wecker

den Dreharbeiten, und sie hatten stets gewaltigen Appetit. Herr Fassbinder mochte warmes Essen. Suppe, Gulasch, Bier, Wein, Rindsrouladen, Spaghetti, etc. Manchmal, wenn er besonders verwahrlost und mit verlumpten Klamotten zu uns kam, habe ich ihn veralbert und gefragt: Haben Sie sich heute mal wieder besonders schön hergerichtet, Herr Regisseur?«

Konstantin Wecker war mehrmals zu Gast, er verehrte und liebte Werners Musik. Wecker erfand ein kleines künstlerisches Spiel: er sang eine Melodie, die ihm gerade einfiel und Werner spielte sie auf dem Akkordeon nach. Mitte der 1980er-Jahre schrieb Wecker ins Gästebuch: »Des Nachts erweist sich die wirkliche Natur, bis bald, Euer Konstantin Wecker.«

Hella von Sinnen kam einmal mit ein paar lieben Freunden und verbreitete rheinischen Frohsinn. Gerti: »Die is auf der Fünfer-Nischn ghockt«.

Generell wurde jeder Gast gleich gut behandelt, ob berühmt, berüchtigt, bürgerlich, mittellos, überdreht, unterhopft, verliebt, betrübt, sentimental, euphorisch oder fidel: wer höflich und freundlich war, war willkommen.

Ob ***Ottfried Fischer, Constanze Lindner, Frank-Markus Barwasser (Erwin Pelzig), Christian Springer, Hannelore Elsner, Heiner Lauterbach, Helmut Ruge, Franz Kotteder*** und viele Kulturkollegen von der Süddeutschen Zeitung, ***Friedrich Ani, Jörg Hube, Josef Pretterer, Jürgen Kirner.***

Der große Regisseur ***Joseph Vilsmaier*** feierte gerne die »internen Premieren« seiner Filme bei Werner und Gerti, der Filmemacher ***Peter Goedel*** schlug vor, mehrere Filme über das Lokal zu drehen. Heraus kam ein Bei-

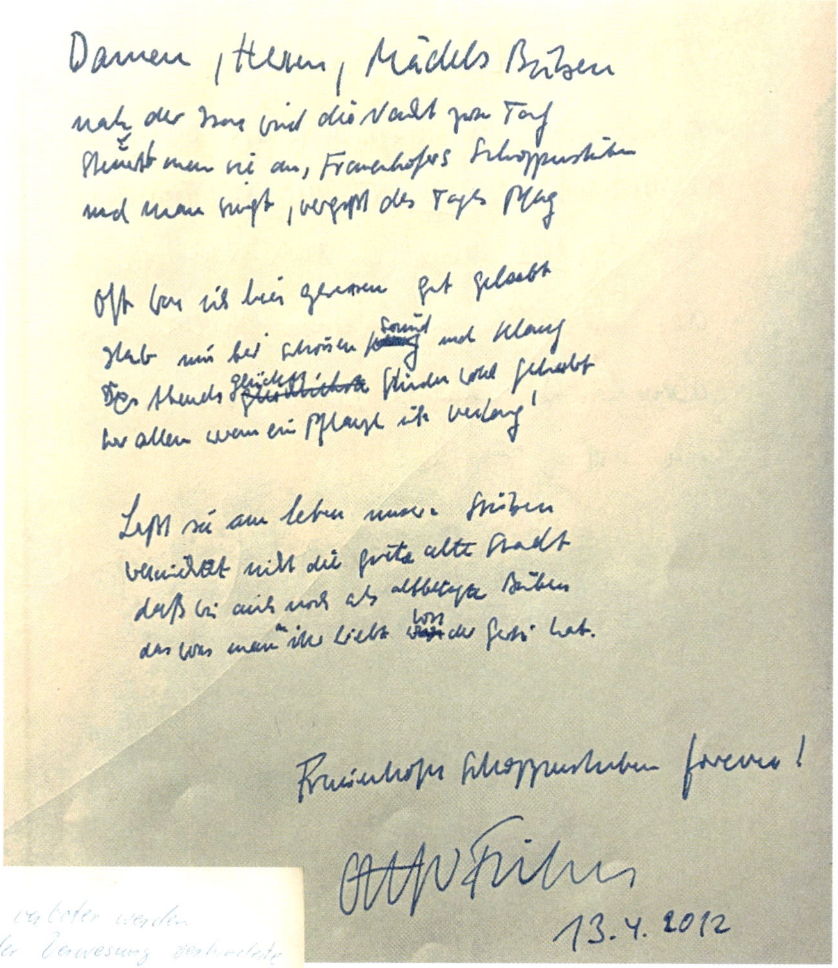

Damen, Herrn, Madels Buben
nach der Arbeit und die Nacht zum Tag
schaut man sich an, Frauenhofers Schoppenstuben
und man singt, vergisst des Tags Plag

Oft war ich hier gewesen gut gelacht
hab mir bei schönem ~~[illegible]~~ Sound und Klang
der Abends ~~[illegible]~~ glücklich Stunden wohl gehabt
vor allem wenn ein Pflanzl ich verlang'

Lasst sie am Leben unsere Stuben
vernichtet nicht die gute alte Stadt
daß wir auch noch als [illegible] Buben
das was man die Liebt ~~[illegible]~~ von der [illegible] hat.

Frauenhofer Schoppenstuben forever!

Ottfried Fischer
13.4.2012

Gästebucheintrag von Ottfried Fischer

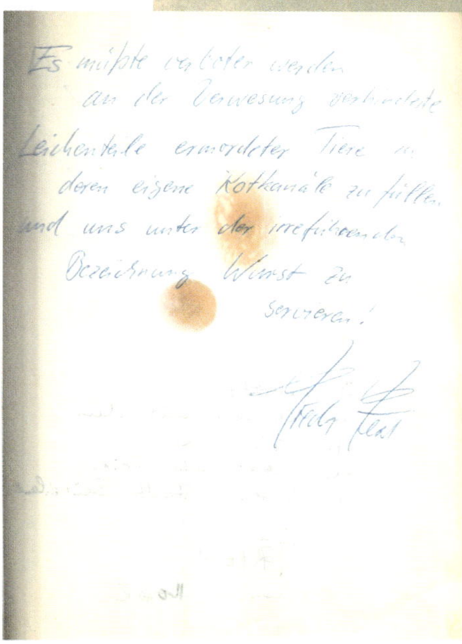

Es müßte verboten werden
an der Verwesung befindliche
Leichenteile ermordeter Tiere in
deren eigene Kotkanäle zu füllen
und uns unter der irreführenden
Bezeichnung Wurst zu
servieren!

Fredl Fesl

Gästebucheintrag von Fredl Fesl

ildo Wachtveitl mit unserer ältersten Stammgästin - „Lotte" an einem Tisch. Das Foto spricht für ein große Herzlichkeit und Menschlichkeit, die in diesem Lokal statt findet. Hier dürfen sich die Menschen noch „normal" Unterhalten und freundlich sein.
2004

trag der »Lebenslinien« über Gerti und der Film »Die Nacht ist nicht allein zum Schlafen da«. Etappenweise filmte er über den Zeitraum von drei Jahren mehrere Wochenenden. Heraus kamen zwei fabelhafte Filmbeiträge.

Fredl Fesl kam nach seinem Auftritt im Fraunhofer vorbei und setzte sein Konzert fort, indem er in der Schoppenstube noch einige Lieder zum Besten gab. Dazu bestellte er für sich und seine Gäste Bier und Wurst. Zu später Stunde schrieb er ins Gästebuch: »Es müsste verboten werden, an der Verwesung verhinderte Leichenteile ermordeter Tiere in deren eigene Kotkanäle zu füllen und uns unter der irreführenden Bezeichnung Wurst zu servieren.«

Dusan Hubacek, der Wirt des tschechischen Restaurants »Goldene Stadt« am Oberanger, war gut mit ***Karel Gott*** befreundet, der, wenn er in München gastierte, regelmäßig einen Tag früher anreiste, um dort fürstlich zu speisen und anschließend noch in der Schoppenstube bei einem Gläschen gemeinsam mit Wirt Werner das »Fiakerlied« zu singen. Einmal schwärmte Karel Gott von der großartigen Switschkowa (Ochsenlende gespickt mit Karotten-Sahnesauce und Serviettenknödel, Prager Schinken und Sojasauce), dass Werner schier das Wasser im Munde zusammenlief und seinen Wunsch

EIN GASTBEITRAG VON UDO WACHTVEITL

Zu einer sehr späten Stunde an einem der eher unverdächtigen Tage, sagen wir: an einem Mittwoch, als es nun wirklich keinen Grund mehr gab, nicht nach Hause zu gehen, kehrten wir noch für ein letztes Getränk in der Fraunhofer Schoppenstube ein. Der Dunst und die Gesänge des Abends hatten sich schon in die Ritzen verkrochen, Gerti und eine ihrer treuen Gehilfinnen machten sich in der winzigen Küche zu schaffen, einige klappernde Verrichtungen takteten die Stille. Zwei sehr robuste, sehr betrunkene Iren hielten sich als einzige Gäste außer uns tapfer aufrecht auf ihren Stühlen, ihre Augen so glotz wie Schaugläser an Zapfsäulen.

Betriebswirtschaftlich lief dieser wackere Dienst am Münchner Nachtleben schon länger leer, aber der Wert eines Nachtbusses liegt auch nicht darin, dass er sich rentiert.

Ob wir noch etwas zu trinken bekommen könnten? Freilich, freilich. Ein »Prost« hinüber zu den Iren, ein reflexhaftes »Sláinte!« zurück. Das Ohr ist schneller als das Auge, und so trafen sich die Blicke erst einige Sekunden später, nachdem sie den Raum schleppend abgesucht hatten. Alle Beteiligten signalisierten freundliches Einverständnis mit allem, auch damit, dass wir zu müde waren, um noch aufgekratzt Bekanntschaft zu machen.

Meine Bekannte fängt ganz leise an zu singen, zuerst nur so vor sich hin, dann immer vernehmlicher und sicherer: »Angel came down from heaven yesterday« von Jimi Hendrix. Das Lied steht schließlich im Raum wie Glas, kein Tremolo, keine suchenden Notenschlieren, keine Verbindlichkeit. Der letzte Vers verklingt. Wir alle sind reglos tief bewegt, auch meine Bekannte, denn ihr ist das ebenso passiert wie uns anderen. Die irischen Lackl haben Tränen in den Augen, Gerti und ihre Helferin stehen hinter der Theke wie brave Konfirmandinnen und nicken ergriffen.

Erst nach und nach fassen wir wieder Tritt in den Üblichkeiten, finden gängige Worte: »Yeah, Hendrix. One of the greatest ever«, sagt ein Ire. »Nice voice!«, der andere. »Schön hat's des g'sungen. Einen aufs Haus!«, sagt die Gerti und stellt uns allen noch Drinks hin.

Ja, auch solche Momente gab es in der Schoppenstube, in diesem Tempel der echten, der einzigen Königin der Nacht.

äußerte, diese Speise eines Tages probieren zu können. Karel Gott bat, ein Telefonat führen zu dürfen. Eine halbe Stunde später brachte der Küchenchef der »Goldenen Stadt« eine schöne Portion Switschkowa unter einer silbernen Servierglocke vorbei, dazu einige Flaschen gut gekühltes Pilsner Urquell. Werner schmeckte das Gericht vorzüglich.

EIN GASTBEITRAG VON TITUS WALDENFELS

Alles konnte passieren in der Schoppenstube. Gelegentlich saß man etwas länger, es wurde voller, wieder leerer, wieder voller … Udo Wachtveitl oder Heiner Lauterbach saßen am Nebentisch, es gab eine local crowd aus dem Glockenbachviertel: Gerti bewirtete und mochte alle! Acht Jahre lang spielte ich dort monatlich, wir quetschten uns hinter Werners echte Hammondorgel und unterhielten die Gäste mit Schunkelversionen von »I Love Rock 'n' Roll« und Punkversionen von »La Paloma«.

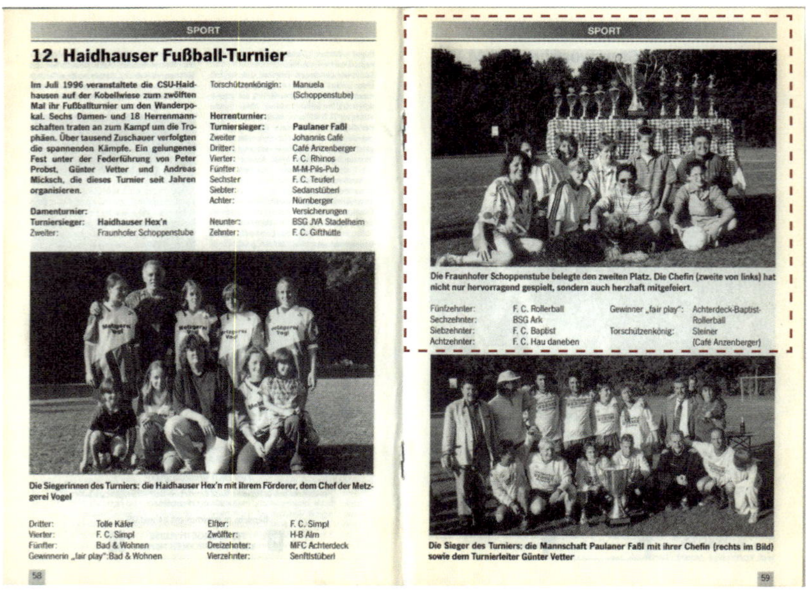

SPORT

12. Haidhauser Fußball-Turnier

Im Juli 1996 veranstaltete die CSU-Haidhausen auf der Kobellwiese zum zwölften Mal ihr Fußballturnier um den Wanderpokal. Sechs Damen- und 18 Herrenmannschaften traten an zum Kampf um die Trophäen. Über tausend Zuschauer verfolgten die spannenden Kämpfe. Ein gelungenes Fest unter der Federführung von Peter Probst, Günter Vetter und Andreas Micksch, die dieses Turnier seit Jahren organisieren.

Damenturnier:

Turniersieger:	**Haidhauser Hex'n**
Zweiter:	Fraunhofer Schoppenstube
Dritter:	Tolle Käfer
Vierter:	F. C. Simpl
Fünfter:	Bad & Wohnen
Gewinnerin „fair play":	Bad & Wohnen
Torschützenkönigin:	Manuela (Schoppenstube)

Herrenturnier:

Turniersieger:	**Paulaner Faßl**
Zweiter	Johannis Café
Dritter:	Café Anzenberger
Vierter:	F. C. Rhinos
Fünfter	M-M-Pils-Pub
Sechster	F. C. Teuferl
Siebter:	Sedanstüberl
Achter:	Nürnberger Versicherungen
Neunter:	BSG JVA Stadelheim
Zehnter:	F. C. Gifthütte
Elfter:	F. C. Simpl
Zwölfter:	H-B Alm
Dreizehnter:	MFC Achterdeck
Vierzehnter:	Senftlstüberl
Fünfzehnter:	F. C. Rollerball
Sechzehnter:	BSG Ark
Siebzehnter:	F. C. Baptist
Achtzehnter:	F. C. Hau daneben
Gewinner „fair play":	Achterdeck-Baptist-Rollerball
Torschützenkönig:	Steiner (Café Anzenberger)

Die Siegerinnen des Turniers: die Haidhauser Hex'n mit ihrem Förderer, dem Chef der Metzgerei Vogel

Die Fraunhofer Schoppenstube belegte den zweiten Platz. Die Chefin (zweite von links) hat nicht nur hervorragend gespielt, sondern auch herzhaft mitgefeiert.

Die Sieger des Turniers: die Mannschaft Paulaner Faßl mit ihrer Chefin (rechts im Bild) sowie dem Turnierleiter Günter Vetter

58 59

Die Damen-Fußballmannschaft der Schoppenstube mit Gerti im Sturm, 1988

Nach dem Bayerischen Filmpreis kommen wir irgendwo sonst angereist feiern wir in der Schlappenstube! Das muss immer so bleiben! Bis morgen in der Früh!

Dirk

Maja

Til Schweiger xxx

Joachim Król xxx

Salma Hayek

Nina Hoss

Heino Ferch alias Bruce Willis

Martina Gedeck.

Oliver Bierhoff

Edi

Ihre Senta Berger

Fiakerlied

Text: Gustav Pick

I führ zwa harbe Rappen | Mei Zeug dös steht am Grab'n,
A so wie dö zwa trappen | Wer'ns net viel g'sehen hab'n.
A Peitschen a des gibt's net | Ui jesses, nur net schlag'n,
Das allermeiste wär tsch' tsch' | Sonst z'reissen's glei'n Wag'n.
Vom Lamm zum Lusthaus fahr i 's in zwölf Minuten hin,
Mir springt kan's drein net in Galopp,
Da geht's nur allweil trapp, trapp, trapp;
Wann 's nachher so recht schiessen, da spür i 's in mir drin,
Dass i die rechte Pratz'n hab, dass i Fiaker bin.
A Kutscher kann a jeder wer'n | Aber fahren kinnan s' nur in Wean.

Refrain:
Mein Stolz is, i bin halt an echt's Weanakind,
A Fiaker, wie ma n' net alle Tag find't,
Mein Bluat is so lüftig und leicht wie der Wind,
I bin hoit (Pfiff) an echt's Weanakind.

I bin bold sechzig Jahr alt | Vierz'g Jahr steh i am Stand,
Der Kutscher und se' Zeug'l | War all'weil fein beinand.
Und kummt's amoi zum O'fahr'n | Und wer i dann begrab'n,
So spannt's ma meine Rapp'n ein | Und führt's mi über'n Grab'n.
Da lasst's es aber laf'n | führts mi in Trab hinaus,
I bitt ma's aus, nur nöt im Schritt | Nehmt's mein'twegen die Kreuzung mit.
Dös is a "Muass", dös Umziag'n in 's allerletzte Haus,
Und d' Leut, die solln's mirken, an Fiaka führt ma naus.
Und auf mein Grabstein da soll steh'n, Damit's die Leut a deutli seh'n:

Refrain:
Sei Stolz war, er war halt an echt's Weanakind,
A Fiaka, wie ma n' net alle Tag find't,
Sein Bluat war so lüftig und leicht wie der Wind, (Pfiff)
ja, er war hoit (Pfiff) an echt's Weanakind!

5. Kapitel

Das Ende der Fraunhofer Schoppenstube

Irgendwann schrieben alle möglichen Zeitungen über gastronomische Geheimtipps und erwähnten dabei stets lobend die Schoppenstube. Als die New York Times einen Besuch des Lokals als absolute Empfehlung für München-Reisende aussprach, kamen auf einen Schlag dreißig Mal so viele Gäste wie sonst. An manchen Abenden musste Gerti reihenweise Menschen fortschicken, weil kein Platz mehr frei war; was einerseits schön war, andererseits aber Probleme bereitete, die charmante Ruhe und Gemütlichkeit aufrechtzuerhalten.

Moses: »Teilweise wars a so voll, dass i gar ned erst eineganga bin.«
Gerti: »A geh, für di hätt i oiwei a Platzerl gfunden. Woaßt, was des Lustigste war?«
Moses: »Naa, was denn?«
Gerti: »Manche ham si am Glo versteckt und gwart, bis weniger voll gwesn is.«
Moses: »Echt jetza?«
Gerti: »Wann is dir sag! D Musi und d Geräusche ausm Lokal hat ma guad ghert, na ham di sich relativ ungstört da aufghaltn und de Akustik genossen. Und wenn wer vo de Gäste aufd Toilettn ganga is, hams gfragt: Is no recht voll? Des war scho wirkle teilweise der Oberhammer, was da abganga is.«

Moses: *»Manchmal war es so krass voll, dass ich gar nicht erst reingekommen bin.«*
Gerti: *»Ach komm, für dich hätte ich jederzeit einen Platz gefunden. Weißt du, was das Lustigste war?«*
Moses: »Nein, was denn?«
Gerti: *»Manche versteckten sich auf dem Klo und haben dort gewartet, bis weniger Andrang war.«*
Moses: *»Im Ernst?«*
Gerti: *»Glaub mir! Von dort aus konnte man die Geräusche und die Musik aus dem Lokal gut vernehmen, so haben diese Leute dort ungestört verweilt und die Geräuschkulisse genossen. Wenn ein Gast auf die Toilette musste, haben sie gefragt: Ist es noch arg überfüllt? Das war schon teilweise wirklich kompletter Irrsinn, was da los war.«*

Moses: »Nach de ganzen positiven Artikel und Empfehlungen in Reiseführern ward Schoppenstum auf oamoi koa Geheimtipp mehr, sondern quasi a Pflichtprogramm für an jeden Nachtschwärmer. Da hat si die Gastronomiesituation in München eh grad heftig verändert, die Gentrifizierung und so, Kult-Lokale wia Schwabinger 7 und Clemensburg muasstn um ihre Existenz banga.«

The New York Times

Munich Redux: Germany's Hot Spot of the Moment

The many sides of the new Munich are on parade outside the town hall on Marienplatz.
Oliver Hartung for The New York Times

By Nicholas Kulish

April 13, 2008

•••

Munich eschews Berlin's "poor but sexy" mantra. Fur-clad ladies of leisure still climb out of prowling Ferraris and into the grand dame of the city's hotels, the Bayerischer Hof, during the old-fashioned ball season.

Yet across town in the younger Glockenbachviertel, a night crawler can drain cocktails at the hip, Portuguese-themed bar Maroto and sing away the final hours of the evening at the glorious German dive Fraunhofer Schoppenstube, a 10-euro cab ride from the Bayerischer Hof and a world away.

•••

Der Screenshot zeigt einen Ausschnitt des Online-Artikels in der New York Times, die am 13. April 2008 über Münchens Wiederauferstehung als Hot Spot berichtete und u. a. die Fraunhofer Schoppenstube als Tipp angab.

Jeder Abend in der Schoppenstube war geprägt von Herzlichkeit und bestgelaunter Atmosphäre

Gerti in ihrem Element: scherzen, kochen, bewirten, Menschen zusammenführen, 1977

Gerti: »Ja, oder glei dicht macha. Des is halt immer der Grampf, da Vamieda hat oiwei as letzte Wort. Da kamma si aufn Kopf stelln.«

Moses: *»Nach den ganzen positiven Artikeln und Empfehlungen in Reiseführern war die Schoppenstube auf einmal kein Geheimtipp mehr, sondern quasi eine Art Pflichtprogramm für Nachtschwärmer. Damals hat sich die Gastronomiesituation in München sowieso gerade massiv verändert, Gentrifizierung und so, Kult-Lokale wie Schwabinger 7 und Clemensburg mussten um ihre Existenz bangen.«*

Gerti: *»Beziehungsweise gleich schließen. Das ist halt immer das Dilemma, der Vermieter hat stets das letzte Wort. Auch wenn man sich auf den Kopf stellen würde.«*

2012 kam plötzlich aus heiterem Himmel die Kündigung. Das war eine unglaubliche Frechheit, nach 40 Jahren innerhalb sechs Monaten dieses wunderbare Lokal verlassen zu müssen. Es war für Gerti und uns Stammgäste ein riesengroßer Schock, da ja auch nichts vorgefallen wäre, um überhaupt zu kündigen! Das war reine Profitgier von den Hausherren gewesen, auch sie ließen sich von den Immobilien-Haien anstecken.

Gerti: »Deswegen geht unser weltweit beliebtes schönes München kaputt! Ich kann die letzte Zeit aufzählen: Fischerstüberl Lindwurmstraß, Heiliggeiststüberl am Markt, ganz vui kloane Stüberl, entweder sie miassn schließen oder halt in andere Räumlichkeiten umziang, was aber normalerweis ned des oide Flair hat. Schaug nur amoi in den stadtbekannten

Jodlerwirt, den es schon seit 1947 gibt. Die neue Location is zwar ned schlecht, aber es is halt a völlig andere Atmosphäre. Die Verantwortlichen schaung oft nur zu, wenn abends koa Lem mehr in der Stadt is. Des is doch grad in der Nacht wichtig, dassd Leit an Platz mit individuellem Flair zum Erholen ham. Es is scho schad, wenn a Tradition einfach auf der Streckn bleibt. Und die Gäste in der Schoppenstum warn oiwei sehr höflich, freindlich und pflegeleicht. Sie wollten einfach Spaß ham, mitnand singa und si amüsieren. Alle sans kemma, Polizisten, Manager, Prostituierte, Handwerker, Studierte, Kollegen aus der Gastronomie, Geistliche und haufenweis Künstler. Schöne Gespräche und Lachen war angesagt. Grad für Leit, die abends und nachts gearbeitet haben, is des doch wichtig, abschalten zu können. Das ist besser als jeder Arzt. Versteht denn des koana? Unglaublich, aber wahr.«

Gerti: *»Deswegen geht unser weltweit beliebtes schönes München kaputt! Ich kann die letzte Zeit aufzählen: Fischerstüberl Lindwurmstraße, Heiliggeiststüberl am Markt, ganz viele kleine Lokale, entweder sie müssen schließen oder eben in andere Räumlichkeiten umziehen, was aber normalerweise nicht das alte Flair transportiert. Man sehe sich nur mal den stadtbekannten Jodlerwirt an, den es schon seit 1947 gibt. Die neue Location ist zwar passabel, dennoch herrscht dort eine komplett andere Atmosphäre. Die Verantwortlichen sehen oft nur von außen zu, wenn abends kein Leben mehr in der Stadt ist. Gerade in der Nacht ist es doch wichtig, dass die Leute einen Platz mit individuellem Flair zum Erholen haben. Es ist schon sehr betrüblich, wenn Traditionen auf der Strecke bleiben. Und die Gäste in der Schoppenstube waren immer sehr höflich, freundlich und pflegeleicht. Sie wollten einfach Spaß haben, gemeinsam singen und sich amüsieren. Alle waren da, Polizisten, Manager, Prostituierte, Handwerker, Studierte, Kollegen aus der Gastronomie, Geistliche und haufenweise Künstler. Schöne Gespräche und Lachen war angesagt. Besonders für Leute, die abends und nachts gearbeitet haben, ist das doch wichtig, mal abschalten zu können. Das ist besser als jeder Arzt. Versteht das denn niemand? Unglaublich, aber wahr.«*

Warum hatten die Vermieter, zwei Brüder namens Erntl, die Kündigung ausgesprochen? Die Erntls hatten zwei sehr nette Ehefrauen, die aber leider nicht auf ihre Gatten einwirken konnten. Die Brüder waren auch bei der Beerdigung von Werner zugegen. Willy Erntl sagte zu Gerti: »Das werden Sie jetzt ja nicht mehr allein machen können, Sie sind ja auch schon älter. Da muss man sich das überlegen, wie man es weiterbetreiben kann oder

langfristig weitermachen.« Gerti: »Wie bitte? Ich habe gerade meinen Mann verloren, soll ich jetzt auch noch mein Geschäft verlieren, den Ort, wo all meine Freunde sich treffen, das Kleinod, was wir vierzig Jahre lang aufgebaut haben? Ich kenne so viele Menschen, die mir helfen könnten.« Die Brüder haben schweigend zugehört.
Gerti tat alles Menschenmögliche, um die Schoppenstube zu retten und die Kündigung unwirksam zu machen. Sie sammelte siebentausend Unterschriften, viele hochrangige Künstler wie Marcus H. Rosenmüller, Stefan Wimmer, Ottfried Fischer, Amelie Daniela, Andreas Bittl, die Schicksalscombo, Conny und Egon, Kathrin Anna Stahl, Peter Glas und Moses Wolff setzten sich für den Erhalt der Schoppenstube ein, der damalige Münchner Oberbürgermeister Christian Ude kämpfte aktiv gegen die Schließung, doch alle Anstrengungen waren vergebens. Am 30. Juni 2013 fand der letzte Abend in der Schoppenstube statt, am 1. Juli 2013 war um 14 Uhr Schlüsselübergabe. Dort, wo einst die Fraunhofer Schoppenstube war, ist nun ein meist geschlossenes Antiquitätengeschäft.

Fraunhofer Schoppenstube

Heute gibt es hier Möbel aus zweiter Hand, früher war die Fraunhofer Schoppenstube ein Kulttreff für Feierwütige. Der Mietvertrag wurde nicht verlängert

25.10.2017

Der Garaus für die Gerti

Gefeiert wird in der Fraunhoferstraße auch gerne, doch nicht mehr überall. So hat etwa die Kultkneipe „Fraunhofer Schoppenstube“ an der Ecke zur Reichenbachstraße vor Jahren schließen müssen. Der Laden war besser bekannt als „Die Gerti“, denn der Name der Wirtin lautete Gerti Guhl. „Die Gerti war eine Institution“, sagt Miklosy. „Da haben die Leute aus dem Gärtnerplatztheater abends spontan ihre Klampfe rausgeholt und gespielt.“ Oder es zog so manchen Feierwütigen noch für einen Absacker in Gertis Gaststätte, wenn schon längst der Morgen graute. Im Sommer 2013 musste Gerti raus, weil der Mietvertrag nicht verlängert wurde. Die Wirtin ging in Rente, heute befindet sich in den Räumen ein Laden für Retro-Möbel.

TZ vom 25. Oktober 2017

Epilog

Die Isar flimmert und reflektiert das milde Sonnenlicht, ein paar junge Menschen sitzen bereits oder noch immer am Flussufer und besprechen die wesentlichen Dinge des Lebens, reden von der Liebe, dem Tod, der Freude, der Ehrlichkeit, der Schönheit des Augenblicks, von Erwartung, Enttäuschung, Lachen, Weinen, Rausch, Mut und Verzeihen. Taxis bringen Vorstandsmitglieder zu Sitzungen und Nachtschwärmer nach Hause. Ein junger Mann mit roten Bäckchen schließt die Vorhänge, im Hintergrund sitzt die junge Frau, die er am Abend kennengelernt hat und die wie er nur noch das Nötigste am Leibe trägt. Ein paar streunende Hunde finden in einem Karton, der neben der kleinen Bäckerei steht, schmackhafte Backwaren, die die Gehilfin wie jeden Morgen für sie bereitgestellt hat.
Vor dem Gebäude, in dem sich einst die Fraunhofer Schoppenstube befand, sitzen Menschen unterschiedlichen Alters in lauen Frühlingsnächten auf den Eisenstangen. Flaschen klirren, Zigarettenrauch steigt empor. Geschichten werden euphorisch und pointenreich erzählt, und aufgrund der guten Stimmung bemerkt manch einer oder manch eine nicht, dass die Lautstärke der Stimme um diese Uhrzeit möglicherweise etwas zu kräftig sein könnte. Doch es gibt keine Gerti mehr, die für Ruhe sorgt.

Die schöne Stadt München hat wieder einmal eine intensive Nacht voller kleiner, schöner Begebenheiten erlebt. Doch ein wesentliches Element fehlt. Jene Oase der Fröhlichkeit, in der Geschichte geschrieben wurde, in der man die ganze Nacht scherzte, trank, sang und all die Nachtschwärmer, Streuner, Gaukler und Glühwürmchen, die am Tag eher unscheinbar sind, aber nachts plötzlich unheimlich anfangen zu leuchten – irgendwann abends, wenn die Lichter brennen, in einer kleinen, von außen eher unscheinbar wirkenden Schoppenstube, in der das Leben tobt und die Nacht Seligkeit und Glück bedeutet.

Da Werner war a Schau,
die Gerti is' eh
da Wahnsinn, doch schreibt ma si ned mit am „d"
Sie hoaßt „Gerti" mit am „t"
und des is aa schee
des is da Grund warum und auch mir
auf si steh!

Dein Moses

Gästebucheintrag von Moses Wolff